KB037397

연합뉴스 초대 하노이 특파원이 전하는

아주 특별한 베트남 이야기

연합뉴스 초대 하노이 특파원이 전하는

아주 특별한 베트남 이야기

글을 쓰면서

"베트남에 한번 살았던 사람은 언젠가는 베트남으로 다시 돌아온다"는 말이 있다. 실제로 6년간의 특파원 시절 동안 함께 했던 네 명의 대사를 포함한 상당수의 공무원과 기업인들이 여러 형태로 베트남을 다시 찾았다.

이유가 뭘까? 베트남에 무슨 특별한 것이라도 있는 걸까? 필자의 답은 "그렇다"다. 분명히 그곳에는 한국에선 느낄 수 없는 '그 무엇' 인가가 있다.

베트남에 가면 어릴 적 살던 고향에 온 듯한 느낌을 받게 되고, 베트남 사람들과 어울리다 보면 마치 고향 사람들과 함께 하고 있는 것 같은

담뿍한 정감이 든다. 오랜 전쟁으로 경제 발전이 늦어져 옷차림이 다소 세련되지 못하고 외국인을 대할 때 가끔은 무례한 감이 없지 않지만, 가식이 없는 순수한 행동과 항상 웃음을 잃지 않는 그들을 보면 '행복이 바로 이런 것이구나' 를 느끼게 된다.

세련되고 깨끗하고 편리하긴 하지만 직장은 물론 이웃과 심지어는 친척들 간에도 느끼게 되는 무한 경쟁과 늘 뭔지 모를 강박관념에 시달려 온 한국인들이 이러한 베트남 문화를 경험한 뒤 그곳에 머물고 싶어 하는 것은 인간 본연의 마음을 찾고자 하는 당연한 욕구인지도 모른다. 더구나 베트남은 우리와 역사뿐만 아니라 문화와 종교, 풍습이 비슷한 형제의 나라이고 지금은 경제협력과 국제결혼 등을 통한 폭넓은 인적 교류로 '사돈의 나라' 로까지 발전했다. 오늘날 아시아를 넘어 세계로 번져가고 있는 한류의 발원지로, 다른 동남아 국가와는 달리 일본, 중국보다 한국을 더 좋아하는 베트남인들은 경제 발전의 파트너로 한국을 선택해 '아시아의 작은 호랑이' 로 도약하고 있다.

이 책은 필자가 '세계 최고의 이머징 마켓'으로 불리는 베트남에서 2000~2009년 사이 두 차례 연합뉴스 초대 및 3대 특파원으로 근무하면서 직접 취재하고 경험한 것들을 엮어낸 것이다. 현지 특파원을 지내는 동안 그곳을 찾는 기업인과 방문객들을 만나 저녁식사를 하면서 부담없이 나누었던 푸근한 베트남 얘기들도 가감없이 옮겨 놓았다. 이 책을 통해 한국인들이 베트남과 베트남인들에 대한 이해의 폭을 넓히고, 그로 인해 양국 관계가 지금보다 한층 더 발전할 수 있기를 바란다.

한 가지 양해 말씀을 드리고 싶다. 필자는 베트남을 연구하는 전문학자가 아니다보니 일부 인용한 숫자나 데이터에 오류가 있을 수 있고, 또 나름대로 최선을 다하긴 했으나 에피소드 중심으로 이야기를 전개하다보니 본의 아니게 선의의 피해를 줄 수도 있음을 혜량해 주시기 바란다.

끝으로 이 책을 낼 수 있게 지원해 준 삼성언론재단과 직접 책을 만들어 준 연합뉴스 박정찬 사장 및 출판기획팀 여러분, 그리고 잡글을 옥고로 다듬어 준 홍혜자 후배에게 감사의 뜻을 전한다.

이 밖에 6년간의 긴 하노이 생활 동안 아끼고 도와주신 하노이 교민 여러분들과 베트남 친구들에게도 이 지면을 빌려 감사드리며 여러 가지 좋은 말씀과 자료 수집에 도움을 주신 주베트남 한국대사관 박석환 대사와 송성근 영사, 나의 후배 김선한 연합뉴스 하노이 특파원, 번 베트남 통신사 서울 특파원, 하노이외대의 푸엉과 항, 그리고 한국외대 리엔 씨 등과 발간의 기쁨을 함께 하고자 한다.

2010. 8

권 쾌 현

Contents

제1부

죽은 호찌민이 다스리는 나라

제2부

강대국을 모두 이긴 자존심의 나라

제3부

아시아의 작은 호랑이

제4부

베트남은 우리의 형제국인가?

제5부

베트남의 한국 따라하기

제6부

주석도 총리도 우리는 모두 친구

제7부

순수하지만 얄미운 그들

제8부

베트남에서 받은 문화 충격

제9부

한국인들 베트남에서 살아가기

제10부

베트남에서 성공한 우리 기업들

“베트남은 호찌민의 나라다, 죽은 호찌민이 다스리는 나라다”

2000년 미국 대통령으로는 처음으로
클린턴 대통령이 베트남을 방문했을 때
동행한 미국의 한 저널리스트는
베트남을 방문한 첫 소감을 이렇게 밝혔다.

제1부

죽은 호찌민이 다스리는 나라

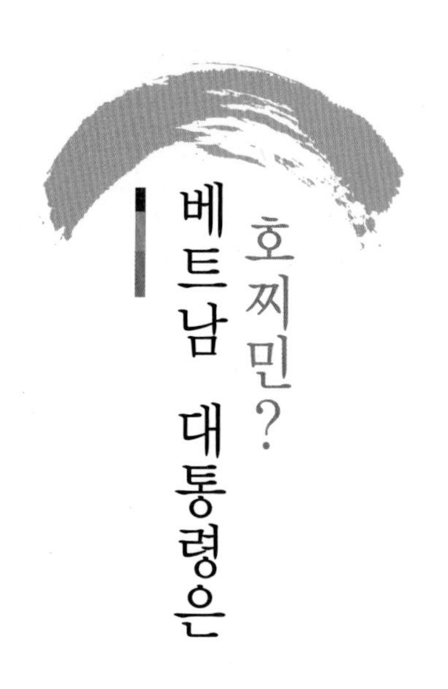

베트남 대통령은 호찌민?

“베트남은 호찌민의 나라다. 죽은 호찌민이 다스리는 나라다.”

2000년 미국 대통령으로서는 처음으로 클린턴이 베트남을 방문했을 때, 동행한 미국의 한 저널리스트는 베트남을 방문한 첫 소감을 이렇게 밝혔다.

베트남인들에게 현재의 주석(대통령)이 누구냐고 물었더니 “호찌민”이라고 답하는 사람들이 많았다는 글을 읽은 적이 있다. 호찌민의 사망 사실을 몰라서가 아니라 그들 머릿속에는 여전히 호찌민만이 주석으로 남아 있고, 현재 주석이 누구인지 잘 모르며 굳이 알 필요도 없기 때문일 것이다. 이처럼 그들은 지금도 여전히 “우리는 호찌민의 지도에 의해 살아간다”고 말한다.

현재 베트남 최고지도자로 공산당 서기장을 맡고 있는 농 득 마잉도

2001년 4월 공산당 서기장에 선출된 직후 가진 기자회견에서 "호찌민의 숨겨진 아들이 아니냐"는 질문에 "베트남 국민 모두는 호찌민의 아들이며 영원히 호 주석의 지도에 따라 살아가게 될 것"이라고 말했었다.

베트남 건국의 아버지이자 베트남 공산당의 창시자인 호찌민 주석이 사망한 지 40여 년이 지났지만 이렇듯 베트남은 아직도 호찌민(1890~1969, Ho Chi Minh, 胡志明)의 유훈에 의해 움직이고 있다.

베트남의 최고 권력기관인 공산당은 당내 사상이념위원회와 호찌민 정치학교 등을 중심으로 호찌민의 유시를 검토해 5년마다 열리는 공산당 전당대회에 제출함으로써 당과 정부가 나아갈 5년간의 방향을 결정한다. 공산당은 평상시에도 국가의 중대사가 있으면 14명의 정치국원들이 모여 의견을 나누는데 이 때 가장 중심이 되는 기준이 바로 호찌민의 유시다.

베트남 공산당과 현재의 베트남 사회주의공화국을 만든 호찌민은 베트남 전쟁의 승패조차 알 수 없었던 1969년 9월 2일 세상을 떠났다. 그러나 그는 40여 년이 지난 지금도 여전히 베트남을 다스리고 있고 한 번도 베트남인들의 가슴에서 떠난 적이 없다.

2001년 개정된 베트남의 헌법은 첫머리에 '베트남은 호찌민 주석의 8월 혁명 정신에 따라 세워진 사회주의공화국' 임을 명시하고 있다. 또 '1945년 일본으로부터 독립을 쟁취하면서 바딩광장에서 읽은 호찌민 주석의 독립선언과 미국을 물리치고 남북을 통일한 뒤인 1976년 발표한 사회주의 공화국 선언을 헌법 정신의 기반으로 한다' 고 강조하고 있다.

호찌민은 사망 당시 미국과의 전쟁이 진행 중임을 감안, 측근들에게 자신의 사망 사실을 비밀로 하고 시신을 화장해 자신이 아끼던 세 곳에 뿌려 달라고 요청했다. 그러나 그의 추종자들은 그 말을 듣지 않았다. 그들은 호 주석의 시신을 방부 처리해 바딩광장 묘소에 안치했다. 호찌민을 영원히 국가의 최고지도자로 모시겠다는 뜻이었다. 호찌민은 추종자들의 뜻에 따라 지금도 바딩광장에 누워 자신이 거처하던 주석궁과 공산당 당사, 국회의사당을 내려다 보며 무언의 유시를 내린다. 묘소 앞 대리석 벽 양쪽에는 국민들의 마음이 담긴 "베트남이여 영원하라, 호찌민이여 영원하라"는 플래카드가 높이 걸려 있다. 또 바딩광장 뒤편에는 평생 나라를 걱정하며 살아왔던 관저가 옛 모습 그대로 보존돼 있다.

베트남을 찾는 외국인들은 대부분 그의 묘소를 찾아 헌화한 뒤 생전에 그가 살던 관저를 둘러본다. 그리고는 그의 검소함과 청렴함에 감탄하며 새삼 그의 위대함에 머리를 숙인다. 베트남 국민들은 평생 한 번만이라도 하노이를 방문해 호찌민 주석의 묘소와 관저를 찾는 게 소원이라고 한다. 그래서일까. 바딩광장에는 묘소를 참배하려는 베트남인들과 외국인들이 항상 길게 줄을 서 있다.

10여 년 전만 해도 한국에서 온 고위직들은 호찌민이 공산주의자라 하여 묘소를 참배하지 않는 경우가 많았다. 그러나 지금은 대통령도 헌화를 하는 등 한국인 대부분이 시간이 되면 이곳을 방문한다. 사진 촬영도 할 수 없고 참배 시간도 정해져 있지만 많은 한국인들이 일정을 바꿔서라도 묘소만은 참배하고 싶어 한다. 매년 11~12월 1~2개월은 시신 보호를 위해 참배를 중단하기 때문에 사전에 잘 알아보고 묘소를 찾아야 한다.

묘소 뒤편의 관저와 박물관을 둘러보면 누구라도 호찌민에게 반하지 않을 수 없다. 베트남을 이끈 최고 지도자의 집이 고작해야 30평 남짓한 2층 목조 건물이고 그가 기거하던 방은 10평도 채 안되며 침대는 딱딱한 목재로 되어 있다.

베트남 국민들의 호찌민 주석에 대한 특별한 존경심은 베트남 어디에서나 볼 수 있다. 우리나라 관공서에는 현직 대통령의 사진이 걸려 있지만 베트남에는 호찌민의 사진이 걸려 있다. 또 베트남의 토속 종교에서는 자신의 신과 함께 호찌민을 떠받드는 경우도 있다. 호찌민에서 1시간 정도 거리에 있는 대남사에는 부처와 예수, 공자와 나란히 호찌민이 모셔져 있다.

베트남은 주요 행사 때도 현재의 지도자들이나 해당 기관장의 업적을 논하지 않고 호찌민 주석의 업적을 예로 들어 치사를 하는 일이 대부분이다. 심지어 그들은 노래방에서 술에 취해서도 '호찌민' 노래를 열창하며 자랑스러워 한다.

호찌민이 베트남을 다스린다는 말을 가장 잘 표현하고 있는 것은 역시 정치 분야다. 그는 자신이 죽고 난 뒤 내분이 일어날까봐 죽기 직전 지도자들에게 집단지도체제를 지시했다. 그리고 이는 현재까지도 잘 지켜지고 있다.

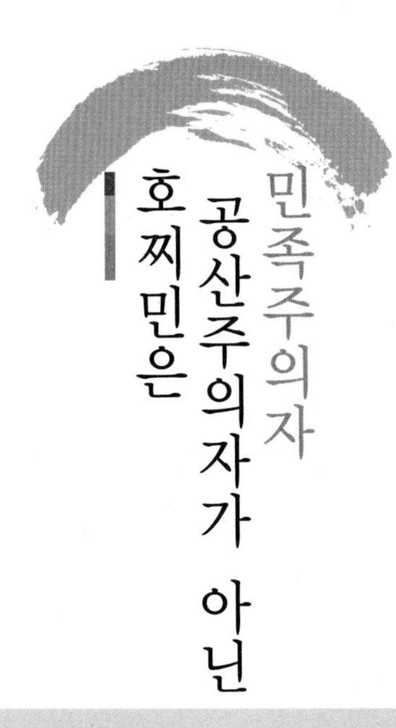

호찌민은 공산주의자가 아닌 민족주의자

호찌민은 1890년 5월 19일 중부 응에안 성도인 빈(Vinh)시 인근 낌리엔에서 태어났다. 서당에서 학생들을 가르치는 가난한 선비 응웬 싱 후이의 아들로 태어난 그의 첫 이름은 응웬 떳 타잉이었다.

베트남 내에서도 가장 척박하기로 소문난 응에안 지방의 가난한 농가에서 태어났지만 학식있는 아버지의 영향으로 문법학교를 다닌 그는 한때 남부 판티엣에서 교사로 근무했다. 돈을 벌기 위해 사이공으로 간 그는 공장 일을 하기도 했으나 1911년 더 나은 삶을 찾아 증기선을 타고 프랑스로 향한다.

프랑스에 도착해 정원사, 요리사, 청소부 등 닥치는 대로 일을 하면서 국가가 얼마나 중요한가를 뼈저리게 실감한 호찌민은 이름을 애국(愛國)이라는 뜻의 '응웬 아이 꾸억'으로 바꾸고 조국의 독립을 쟁취하기 위해 사회주의 활동을 시작한다. 교민들을 설득해 독립운동과 사회주의 활동을 하던 그는 그곳에서 열린 국제회의에 베트남의 식민 상황을 알리려 노력했으나 받아들여지지 않는다.

프랑스에서는 더 이상 독립 운동을 하기가 힘들다고 판단한 그는 1차 대전 후 미국과 함께 양대 강국인 된 소련에 기대를 걸고 1923년 모스크바로 간다. 이처럼 그의 사회주의 활동은 이념에 치중한 마르크스-레닌주의와는 전혀 다른 의미를 갖고 있다. 그의 사회주의 활동은 민족의 독립을 쟁취하기 위한 수단이었고 이후의 행적에서도 여러 차례 이를 입증하는 사례들이 나온다.

소련에서 열린 제5차 세계공산당대회인 코민테른에 베트남을 대표해 참가했던 호찌민은 소련도 베트남에 독립을 가져다 줄 수 없다고 판단, 1924년 12월 리 투이라는 가명으로 중국 광저우로 간다. 여기에서

탱니엔(청년)이라는 베트남혁명청년회를 조직한 그는 한때 국민당 장제스에 쫓겨 러시아로 돌아가기도 했으나 1930년 홍콩에서 베트남 공산당의 전신인 인도차이나 공산당을 창설하는 데 성공한다.

1940년 프랑스가 일본에 패해 인도차이나에서의 영향력이 약화되자 중국에 있던 호찌민은 마오쩌둥의 지원을 받아 베트남으로 숨어들어간다. 그리고 후에 디엔비엔푸 전투의 영웅이 된 부하 보 응웬 지압과 총리가 된 팜 반 동 등과 의지를 모아 베트남민족통일전선인 베트민을 창설한다. 이때 그가 처음 사용한 이름이 바로 호찌민으로, 중국어로 '깨우치는 자' 라는 뜻이다.

1945년 일본이 태평양전쟁에서 패해 미국에 항복하자 호찌민은 기회를 놓치지 않고 미국과 손을 잡는다. 그리고 베트민을 중심으로 프랑스와 독립전쟁을 벌인다. 드디어 그 해 9월 2일, 호찌민은 일본과 프랑스의 영향력이 모두 약화된 사이 미국의 지원을 받아 하노이 바딩광장에서 베트남민주공화국을 선포한다. 이날이 바로 베트남의 최대 국경일인 베트남 창설일이자 호찌민의 사망일이기도 하다.

전쟁 중에도 호위병을 거느리지 않은 채 국민들과 어울렸던 호찌민은 지금도 국민들 사이에서 주석보다는 '큰 아버지(박 호, BAC HO)' 또는 '아저씨' 로 불리고 있다. 그의 서민적이고 가족적인 성품은 현재의 지도자들에게 계승돼 국민을 사랑하는 것이 베트남에서는 지도자들의 최우선 덕목으로 꼽힌다.

호찌민은 분명 민족주의자였다. 조국의 독립을 위해 공산주의를 활용했을 뿐 기회가 닿으면 언제든지 자본주의와도 손을 잡았다. 그는 프랑스에 머물고 있던 1919년 미국의 윌슨 대통령이 민족자결주의를 선포하자 이를 기반으로 한 '베트남 독립을 위한 8개항'을 만들어 1차 대전 전후 문제를 논의하던 베르사유 평화회의 현장을 방문하기도 했다. 이 방문은 열강들의 무시로 성공하지는 못했지만 조국의 독립을 위해서는 어떤 세력과도 힘을 합칠 수 있다는 그의 강인한 의지를 보여 주었다.

호찌민은 1924년 중국으로 건너가 당시 국공합작을 실현한 장제스 총통과도 인연을 맺었으며 1941년 독립투쟁을 위해 결성한 베트민에는 공산주의자와 민족주의자는 물론 애국 지주들까지 총망라돼 베트민이 공산주의 조직이 아니라는 것을 증명해 보였다.

제2차 세계대전이 끝난 1945년 8월, 일본이 베트남에서의 철수를 발표하자 호찌민은 즉각 미국의 지원을 받아 전국에서 봉기를 일으키고 바오다이 왕정을 몰아내는 한편 그 해 9월 2일 사회주의 국가가 아닌 베트남민주공화국을 선포한다.

베트남 공산당
최고 정책결정기관

베트남 공산당은 베트남의 모든 것을 결정한다. 국가의 미래에 대한 청사진에서부터 국민의 생활에 이르기까지 공산당의 역할은 다양하다.

비록 집단지도체제에 따라 주석과 총리를 앞세워 정치를 하고 있지만 이들 또한 공산당 최고위원들이며 당 서기장을 위원장으로 하는 당 정치국회의에서 정한 사람들이다. 국가의 중요한 결정은 주석이나 총리가 하는 게 아니라 공산당의 최고 권력기관인 당 정치국이 하고 모든 행정에 대한 평가와 지도 감독까지 공산당이 담당한다.

베트남 공산당은 1930년 호찌민이 창설했다. 소련과 중국을 드나들던 호찌민은 태국을 거쳐 홍콩에 들어간 1930년 현 베트남 공산당의 전신인 인도차이나 공산당을 결성했다. 당시 베트남은 프랑스의 통치를 받아 현재의 캄보디아와 라오스를 묶어 인도차이나로 불리고 있었다. 공산당은 이때부터 당의 전위 조직으로 베트민이라 불리는 민족해방전선과 베트콩이라 불리는 민족통일전선을 결성해 프랑스와의 독립전쟁, 미국과의 반식민지 전쟁에서 승리한다. 보 응웬 지압 장군과 팜 반 동 전 총리 등으로 구성된 베트민은 1940년 마지막 왕조를 몰아내는 반봉건 투쟁과 1953년 디엔비엔푸 전투의 승리로 인도차이나 반도에서 프랑스군을 몰아내는 성과를 거둔다. 보 응웬 지압 장군은 베트민의 마지막 생존 영웅으로 현재 100세의 나이에도 불구하고 베트남 원로그룹의 중심 축 역할을 하고 있다.

1960년 미국의 남베트남 점령에 항거해 결성된 베트콩 역시 공산당의 전위 조직으로 1975년 미국을 굴복시키는 전과를 올린다. 베트민과 베트콩은 현재 조국전선이란 이름으로 공산당의 전위대 역할을 하고 있다. 당원 교육부터 국회의원 선거 등 각종 선거를 관장하고 후보자의 자격 검정 역할까지 맡고 있다.

베트남의 국회의원 선거는 5년마다 실시된다. 각 지역과 단체에서 추천한 사람들을 모아 조국전선이 검정을 실시한 뒤 전체 국회의원 수의 두세 배수를 최종선거에 내보낸다. 국회의원 후보는 각 기관이나 직장, 지역 등에서 추천한 인사들이 주축을 이루며 일부 개인 추천 후보도 있다.

국회의원 선거는 지역별로 직접 비밀선거로 이뤄지며 한 선거구에서 두세 명의 의원을 뽑는 중선거구제를 채택하고 있다. 개인 추천 후보는 2001년 9차 전당대회 때부터 허용됐으나 조국전선의 심사를 통과하는 비율이 매우 적고 심사를 통과하더라도 실제로 선거에서 당선되는 경우는 많지 않다.

선거는 18세 이상 선거권을 가진 사람이면 누구나 자유 비밀투표를 하게 되어 있으나 아직도 일부에서는 마을 사람들이 의견을 모아 집단으로 투표를 하는 사례도 가끔 나오고 있다. 이 때문에 투표율은 90%를 훨씬 넘고 유명 인사들이 대부분 당선된다.

베트남 공산당은 2010년 현재 전국적으로 310만여 명(2009년 현재)의 당원을 보유하고 있다. 당원이 된다는 것은 본인은 물론 가족이나 소속단체 등에도 큰 영광이며 어느 정도 탄탄한 미래를 약속 받는 일이다.

그러나 당원이 되기 위해서는 가족 기반을 갖춰야 하며 본인 또한 많은 노력을 해야 한다. 당원은 대학생 이상 가입할 수 있는데, 우선 초등학교나 중학교, 고등학교에서 예비 당원으로 활동해야 하고 학생회 간부를 했거나 학업 성적이 뛰어나야 한다. 당원의 자격은 매우 까다로워 본인만 잘한다고 되는 게 아니다. 그가 속한 조직이 잘돼야 하며 그 조직에서 모범이 돼야 한다. 당 조직은 모든 단체, 공장, 학교 등에 퍼져 있어 그 조

직에서 인정을 받으면 중앙조직으로 진출할 기회가 생긴다.

공산당은 5년마다 전당대회를 열어 당 서기장을 포함한 주석, 총리 등 국가 지도부를 개편함은 물론 국가의 장 · 단기 계획을 수립하고 과거 5년간의 평가를 수행한다. 전당대회는 해마다 약간의 변동은 있으나 각 시도와 중앙 등지에서 뽑힌 2천여 명의 대의원으로 구성된다. 여기서 160명의 중앙위원을 뽑고 중앙위원은 당의 핵심인 14명의 정치국원을 뽑는다. 중앙위원은 종전까지는 정치국에서 선정한 서기장에 대해 찬반 투표만 했으나 2006년 10차 전당대회에서부터는 실제로 당 서기장 투표에 관여하고 있다. 14명의 정치국원은 당을 직접 관할하며 국가의 핵심 역할을 한다. 통상, 당 서기장이 서열 1위로 의장을 맡고 주석과 총리, 국회의장이 서열 2, 3, 4위로 부의장 격이 된다.

공산당은 당 중앙집행위원회와 정치국으로 나뉘고 중앙집행위원회에는 서기국과 중앙감찰위원회, 중앙군사위원회 등이 있어 정부를 지도 감독한다. 이 밖에 당의 대중 전위조직으로 앞서 언급한 조국전선과 노동조합총연맹, 청년연맹, 여성연맹 등이 있어 실질적으로 당이 여론과 노동, 청년 등을 관리한다.

공산당의 공식 기구는 아니지만 호찌민 정치학교는 당의 이론 및 정책을 수립하는 기관으로 중요하다. 바딩광장과 서호 사이의 황꾸억비엣 거리에 자리한 호찌민 정치학교는 당의 싱크탱크라고 할 수 있다. 당이 전당대회 때마다 수립해야 하는 국가의 장단기 계획은 호찌민 정치학교의 도움 없이는 어렵기 때문이다. 이곳에서는 정책에 대한 이론적 뒷받침과 함께 호찌민 주석의 가르침에 적합한지 여부도 판단한다.

호찌민 정치학교는 고위직에 오르려면 반드시 거쳐야 하는 필수코스다. 호 주석의 가르침이 무엇이며 그 뜻을 어떻게 지키고 어떤 방향으로 국가 발전에 이바지해 나갈 것인지를 연구하는 이 학교에서 차기 지도자들이 양성된다. 국가의 지도자들을 육성시키는 곳인 만큼 교수진 또한 베트남의 우수 이론가들이 총집합해 있다.

이 학교는 중국과 러시아, 북한 등 전세계 사회주의 국가들과의 교류를 통해 공산주의 이론을 강화하는 한편 개방과 개혁에 관한 자료도 교환한다. 또 최근에는 한국과 일본 등 선진 경제 이론까지 받아들여 베트남의 경제성장 모델을 제공하고 있다.

사실상 베트남의 모든 정책 이론이 호찌민 정치학교에서 나온다고 해도 과언이 아니다. 이 학교에서 교육을 받은 고위 관계자들이 당과 정부, 군에서 정책을 수립하고 이를 실천해 가기 때문이다. 이 학교가 존재하는 한 호찌민은 영원히 살아서 베트남을 다스려 나갈 것이다.

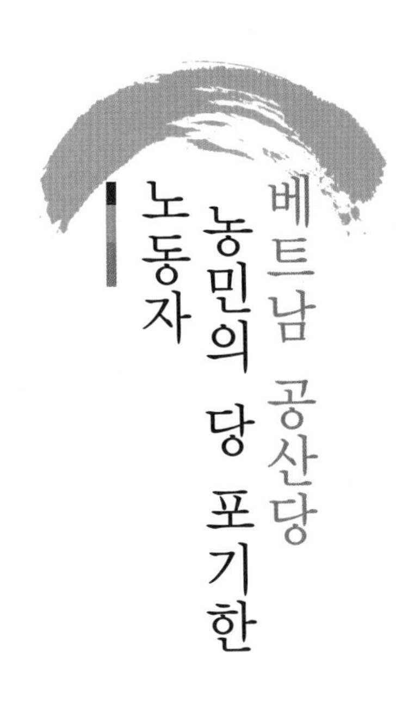

베트남 공산당 농민의 당 포기한 노동자

2006년 4월 베트남 공산당 제10차 전당대회에서는 공산당이 공산주의자들만의 당을 포기하겠다는 놀라운 발표가 있었다. 노동자 · 농민의 당을 자처하던 베트남 공산당이 당헌을 바꿔 자본주의자들에게도 입당을 허용하고 당원들도 자본주의 행위를 할 수 있도록 하겠다고 밝힌 것이다.

전당대회 직전인 2005년 말 터진 'PMU18 스캔들'로 당의 혁신이 필요하다는 주장은 있었으나 이러한 발표는 당의 주체 자체를 바꾸는 것이어서 당원들조차도 놀라움을 금치 못했다. PMU18이란 일본의 공적지원 자금으로 도로를 건설하는 교통부 산하 프로젝트 명이다. 이 프로젝트를 담당한 부이 띠엔 중 사장은 지원자금을 개인 돈처럼 유용했으며 비리를 감추기 위해 외제 승용차 수십대를 사들여 고위 관계자들에게 선물하기도 했다.

특히 그가 뇌물 형태로 고급 승용차를 선물한 사람 중에는 담당 프로젝트를 맡고 있는 교통부 차관은 물론 최고 지도자의 친척까지 관련됐다는 설이 언론을 통해 나돌았다. 결국 중 사장과 교통부 차관이 구속되고 장관은 해임됐으나 더 이상 고위층으로 문책이 확대되지는 않았다. 언론들은 당 지도부가 모두 물러나야 한다고 주장했으나 이듬해 초 10차 전당대회에서 마잉 서기장은 유임됐다. 대신 주석과 총리가 남부 개혁파로 바뀌고 과감한 당의 쇄신책이 잇따라 나왔다.

당의 첫 번째 쇄신책은 노동자 · 농민의 당이었던 공산당에 자본가와 지주들도 참여시키겠다는 것이었다. 재력있는 상인과 국제적인 금융가도 입당할 수 있고 당원들도 얼마든지 드러내놓고 사업을 할 수 있게 했다.

두 번째는 당원들의 나이를 대폭 낮추는 것이었다. 전당대회에서 대의원으로 선출될 수 있는 나이를 초선의 경우 55세 이하로 낮췄다. 또 주요 당직자의 경우 초선은 60세 이하, 재선 이상도 65세 이하로 제한했다.

이 조치에 앞서 농 득 마잉 서기장을 제외한 '빅3' 가 동반퇴진 하는 획기적인 선언도 있었다. 쩐 득 렁 주석과 판 반 카이 총리, 응웬 반 안 국회의장이 젊은 지도자들에게 자리를 물려주겠다며 은퇴를 선언한 것이다. 이 과정에서 카이 총리가 이의를 제기해 문제가 되기도 했으나 결국 여론에 밀려 은퇴 선언을 할 수밖에 없었다. 이들의 뒤를 이어 60, 70대 지도자들의 퇴진이 잇따랐고 15명의 정치국원 중 절반이 넘는 8

명이 물러나고 7명만이 남았다. 60세 이상 퇴진 분위기는 국회의원 선거에서도 이어져 전국적으로 인적 쇄신 분위기가 줄을 이었다.

세 번째 쇄신책은 지도자 선출 과정의 민주화다. 지금까지 공산당 서기장의 선출 방식은 정치국에서 미리 후보자를 정한 뒤 찬반 투표를 하는 형식이었다. 사실상 정해진 틀에 의해 거수기 역할을 하는 것이나 다름없었다. 그러나 10차 대회에서는 초반 여론조사에서부터 열띤 토론이 벌어졌고 모의투표에서도 마잉 서기장 외에 찌엣 주석 등 여러 명이 서기장 후보로 거론되기도 했다. 찌엣 주석은 결국 막판에 스스로 물러나기는 했으나 끝까지 열띤 후보경쟁을 벌였다.

민주화한 선거의 결과로 지도부의 지역 안배가 깨진 것은 가히 파격적이었다. 통상 지도부는 당 서기장은 북부가 맡되 주석은 중부, 남부는 총리를 맡는 것이 관례처럼 돼 있었다. 그러나 이 대회에서 서기장은 북부 출신 마잉이 그대로 유임됐으나 주석과 총리는 모두 남부 출신인 찌엣(호찌민 인근 빙폭성)과 응웬 떤 중(끼엔장)으로 남부의 약진이 두드러졌다. 이를 두고 내외 언론들은 중국에서 상하이 파가 약진한 것에 비유하며 베트남에도 남부시대가 왔다고 성급한 전망을 내놓기도 했다.

이러한 민주화 현상은 국회에서도 이어져 국회가 당의 거수기가 아니라 정책을 심의, 의결하는 기구로 발전하는 모습을 보여주었다. 특히 국회의 대정부 청문회는 과거와는 달리 날카로운 질문들이 이어져 장·차관들이 곤욕을 치르기도 했다. 10차 전당대회에서 새로운 당으로 변신한 베트남 공산당이 2011년 4월 제11차 전당대회에서는 또 어떤 카드를 꺼내들지 주목된다.

호찌민은 목민심서를 소장하지 않았다

많은 한국인들이 베트남에 가면 호찌민 주석이 목민심서를 애독했다는 사실을 들먹이며 은근히 우리가 호찌민에게 '한수 가르쳤다'는 것을 과시하려는 경향이 있다. 이러한 바탕은 그동안 국내 일부 학자들이 특별한 검증없이 "호찌민 주석이 실학자 정약용이 쓴 목민심서를 곁에 두고 즐겨 읽었으며 그의 무덤에도 머리맡에 목민심서가 놓여있다"고 써 왔기 때문이다.

그러나 이 얘기는 현재까지 알려진 바로는 사실이 아니다. 필자 역시 3년씩 두 차례 베트남에서 특파원 임기를 보내면서 특종기사를 써

내기 위해서라도 이를 확인하는 데 적지않은 시간을 할애했었다. 많은 학자들을 만나고 관련이 있을 법한 장소와 기관의 관계자들을 수없이 방문했다. 2007년에는 정약용의 종손인 정건영 씨와 함께 확인 작업을 하기도 했다. 정건영 씨는 환경자원공사의 현지 지사장으로 하노이에 근무하면서 가문의 일이기도 한 목민심서와 호찌민 주석 간의 관계를 확인하기 위해 많은 노력을 했다. 그러나 관계자들의 답변은 한결같이 "호찌민 주석이 목민심서를 읽었는지는 알 수 없으나 애장하거나 관속에까지 넣지는 않았다"는 것이다.

다산연구소 이사장인 박석무 전 의원도 이 문제를 확인하기 위해 수년 전 베트남을 방문했다. 그는 호찌민의 수족 격이었던 응웬 티 띵 호찌민박물관 관장을 만났다. 띵 관장은 "박물관에 소장된 12만 점의 유품에는 목민심서가 없으며 호 주석이 목민심서를 애독했다거나 관에 넣었다는 얘기는 듣지 못했다"고 말했다. 그러나 그는 "호 주석이 한문을 알기 때문에 어떤 형태로든 목민심서를 읽었을 수는 있으나 그 여부는 알 수 없다"며 딱 잘라 아니라고는 말하지 않는 너그러움을 보여주었다.

이 같은 발언은 베트남인들의 성향으로 볼 때 나중에 어떤 사실이 나왔을 때에 대비한 여운일 뿐 실제로 호 주석이 목민심서를 읽었을 거라고 생각하는 것은 아닌 듯하다. 분명한 점은 호 주석의 시신이 안치된 바딩광장 묘소와 호 주석이 읽었던 책들을 모두 모아 놓은 호찌민박물관 어디에도 목민심서는 없다는 것이다. 생전에 호찌민과 함께 했던 사람들도 이러한 사실에 대해 잘 모르고 있어 호찌민의 애장도서는 아니었던 것으로 보인다.

농 득 마잉은 호찌민의 숨겨진 아들일까?

2001년 4월, 베트남 공산당 제9차 전당대회가 끝나고 공산당 신임 서기장에 선임된 농 득 마잉 당시 국회의장은 국회의사당인 바딩홀에서 기자회견을 가졌다. 이 자리에서 외신 기자들은 마잉 서기장이 호찌민 주석의 숨겨진 아들이라는 소문에 대해 해명해 달라고 했다. 이에 마잉 서기장은 "어머니가 이미 내가 어릴 적에 돌아가셨기 때문에 지금 물어 볼 수도 없다"고 답변한 뒤 "그러나 우리 국민은 모두 호찌민 주석의 아들이기 때문에 나 역시 호 주석의 아들"이라고 응답, 완곡하게 부정했다.

이 같은 소문이 나온 것은 1991년 마잉 서기장이 당의 실세 그룹인 정치국원으로 선임 되면서부터다. 1940년 베트남 북부 박칸성에서 가난한 농부의 아들로 태어나 박칸성 인민위원장과 당 서기를 거쳤지만 중앙에서는 큰 경력이 없는 마잉이 정치국원으로 등장하자 이러한 소문이 나온 것. 아마도 이러한 소문은 마잉 서기장의 출생 연도가 호 주석이 중국에서 베트남으로 넘어와 박칸성을 중심으로 지하활동을 하던 때와 비슷하고 그의 얼굴이 호 주석과 닮은 데서 비롯된 것으로 보인다. 마잉 서기장의 부친이 일찍이 세상을 떠난 것도 소문의 한 요인이 되고 있다. 그의 부친은 그가 어릴 적 사망한 것으로만 알려져 있다. 더 근접한 소문은 중국에서 넘어 온 호 주석이 마잉 서기장의 집 근처에 살면서 모친의 도움을 받았으며 이 과정에서 마잉 서기장이 태어났다는 것이다.

그러나 소문을 확인할 수 있는 방법은 없다. 호 주석과 마잉 서기장의 모친 모두 사망했고 적어도 지금까지는 둘 사이의 관계에 대해 어떤 근거도 남아있지 않기 때문이다. 마잉 서기장도 부친에 대해서는 입을 열지 않고 있다. 일부에서는 마잉 서기장이 구체적인 설명을 피하며 은근히 호 주석의 아들임을 내세우고 있다고 지적하기도 한다. 또 호 주석의 유훈 통치를 바라는 보수 세력들이 마잉을 내세워 당의 위세를 지켜가려 한다는 얘기도 있다.

그러나 그가 태어난 1940년 당시 호 주석의 나이는 이미 50세여서 건강 상황 등으로 볼 때 소문의 진실 가능성은 그다지 높지 않다. 두 번의 당 서기장 직을 무난히 역임한 마잉 서기장은 2011년 4월 제11차 전당대회에서는 최고통치자의 자리에서 물러날 것으로 보인다. 그가 은퇴하면 진실이 밝혀질지 기대해 본다.

호찌민이 죽어야 베트남이 산다?

최근 베트남의 젊은 그룹들과 식사를 하는 자리에서 충격적인 말을 들었다. "호찌민이 죽어야 베트남이 산다"는 말이었다.

물론 여기서 호찌민이란 호찌민의 유시를 말하고 베트남이란 베트남 경제를 말한다. 풀이하면 시대에 뒤떨어진 호찌민의 유시가 베트남 경제의 효율적인 성장을 막는다는 뜻이다. 앞서 언급한 "죽은 호찌민이 통치한다"는 것과 같은 맥락에서 나온 말이며 긍정적인 면보다는 부정적인 측면이 강하다.

호찌민 본인이 전 세계 어느 지도자보다도 민족을 아낀 지도자라는 점에서 동포애를 강조했음은 당연하고 특히 남북이 분단되어 전쟁을 하고 있는 상황에서 그가 사망했기 때문에 민족의 분열을 최악의 적으로 지적했음은 물론이다. 그는 항상 추종자들에게 국민을 사랑하는 아들딸과 같이 생각하고 국민의 뜻에 따라 모든 것을 결정하라고 가르쳤다.

유훈은 특히 권력을 고루 나눠 서로 다투는 일이 없어야 한다고 강조하고 있다. 그래서 나온 것이 지금까지 유지되고 있는 집단지도체제이고 이는 국민의 요구는 무조건 들어주는 통치 방식이다. 이러한 유훈 통치는 전쟁 후 남북 간 화합을 이루는 데 크게 기여를 했고 미국 등의 경제봉쇄로 인한 엄청난 가난 속에서도 베트남인들에게 희망을 잃지 않게 했다.

그러나 2000년대 들어 국제정세가 급변하고 각국이 성장 경쟁에 뛰어들면서 유훈 통치는 현실에 맞지 않는 방식이라는 지적을 받고 있다. 실제 2000년 이후 베트남이 고속 성장을 하는 과정에서 집단지도체제의 문제점이 자주 지적됐다.

한국을 비롯한 많은 국가들이 베트남에 투자를 할 때 가장 어려운 점 중의 하나가 결정이 너무 느리다는 것을 꼽는다. 투자자의 입장에서 볼 때 '시간이 곧 돈' 인 경우가 많은데, 한국 기업인의 말을 빌리자면 한국에서 사업을 할 때에 비해 2~3배 이상 시간이 걸린다는 것이다.

이 밖에 경제 성장과 함께 필요한 것이 국토 개발인데 베트남에서는 땅 한 평도 소유주의 승인없이는 건드리지 못한다. 우리나라에도 과거 사유재산 때문에 공공사업이 지연되는 경우가 있긴 했지만 사회주의 베트남에서 주민의 반대로 공공사업이 늦춰지는 일은 비일비재하다. 사유재산이 문제가 되면 정부조차 어쩌지 못하는 게 국민을 위한 정부의 기본 정책이기 때문이다. 중국에서 사업을 해 본 사업가들은 중국과 베트남의 토지 수용 방식이 너무 다르다고 말한다. 중국에서는 중앙 정부나 지방 정부가 필요한 사업이면 일정 기간 말미를 두어 사전에 통보하고 어떤 방식으로든 이를 집행한다고 한다. 이에 비해 베트남 정부는 모든 것을 정해 놓고도 여론이 나빠지면 집행을 연기하거나 아예 번복하는 일도 허다하다. 이 때문인지 하노이의 행정 중심지인 바딩광장에는 농민이나 지주들의 토지 수용 반대 데모가 심심찮게 벌어지지만 그 무섭다는 공안들도 구경만 하고 있는 게 예사다. 사회주의 국가에서는 보기 드문 진풍경이라 할 수 있다.

실례로 2007년에는 농지를 훼손해서는 안 된다는 여론이 보도기관을 중심으로 터져 나오자 정부와 지방자치단체는 이미 승인했던 골프 코스 중 상당수의 사업을 아예 취소시키는 일도 있었다.

2000년대 초반부터 한국의 포스코가 베트남에서 추진했던 일관제철소 건설 사업도 비슷한 맥락에서 최종단계를 넘지 못하고 취소됐다. 캥화성 나짱 북부 반퐁항에 건설 예정이던 포스코의 일관제철소는 자연 환경을 해친다는 주장에 밀려 좌절되고 말았다. 총리실과 산업부 등은 이미 포스코의 제철소 사업을 승인하고 적극 추진했으나 공산당을 비롯한 원로그룹의 반발이 사업의 발목을 잡았다.

2008년에도 총리실이 외국기업에 승인했던 보크사이트 광산개발 공사를 일부 인사들의 반대로 취소시켰다. 이 지방에 살던 주민들은 보크사이트 탄광개발 사업을 반대하는 명분으로 역시 자연 환경 파괴와 소수 민족들에 대한 생활 위협을 들었다. 이들은 총리실이 자신들의 의견을 들어주지 않자 당시 99세의 전쟁 영웅 보 응웬 지압 장군을 앞세워 주장을 관철시켰다.

이처럼 주민들이나 이해 당사자들의 요구에 의해 정부의 야심찬 개발 사업들이 잇따라 좌절되자 투자국들의 불만이 높아지고 정부 내에서도 젊은 엘리트들을 중심으로 통치 방식이 바뀌어야 한다는 주장이 거세지고 있다.

제2부

강대국을 모두 이긴 자존심의 나라

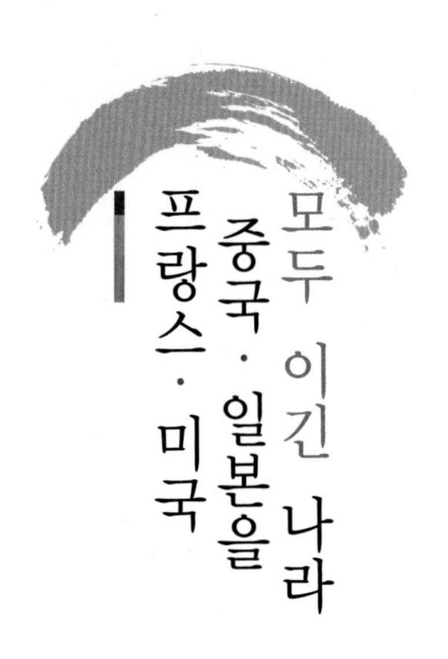

중국 · 일본을 프랑스 · 미국 모두 이긴 나라

역사상 세계 초강대국을 잇따라 이긴 나라는 베트남이 유일하지 않을까?

베트남은 90여 년 동안 자신들을 식민지배한 프랑스와 제2차 세계대전 후 세계를 지배하려던 미국, 동북아를 차지하려던 일본, 마오쩌둥이 지배하던 중국을 잇따라 격파하는 위력을 보였다.

이 같은 결과는, 역사상 한 번도 강대국이란 말을 들어 보지 못했고 지금까지도 동남아의 가난한 국가라는 오명에서 벗어나지 못한 베트남 외에는 어느 나라도 이루지 못했던 일이다.

1800년대 프랑스는 영국과 함께 세계를 지배했다. 특히, 프랑스는 1800년대 중반부터 1954년 디엔비엔푸 전투에서 패할 때까지 거의 100년간 베트남과 캄보디아, 라오스를 통치했다. 1859년 미토 전투에서의 패배로 프랑스 지배 아래 들어간 베트남은 1900년대 들어 호찌민

을 중심으로 끈질긴 독립항쟁을 계속했다. 1940년 일본군의 침략으로 베트남에서 물러났던 프랑스는 1945년 일본군이 전쟁에서 패해 물러나자 다시 베트남에 대한 연고권을 주장하며 군대를 파견했다. 1945년 호찌민을 주석으로 베트남민주공화국을 선포한 베트남은 강력 반발하며 무력 투쟁을 시작했고 1954년 디엔비엔푸 전투에서 승리함으로써 프랑스를 인도차이나에서 내쫓는 데 성공한다.

그러나 베트남민주공화국 창설에 도움을 주었던 미국이 1955년 친미 응오 딘 지엠 정권을 수립하자 베트남은 다시 세계 최강인 미국과 전쟁하게 된다. 남과 북이 갈라져 통일의 기회를 엿보던 북베트남은 프랑스와의 전쟁에서 성과를 올린 남부의 베트민을 베트콩으로 재편해 게릴라전을 시도하고 끊임없이 민중항쟁을 선도한다. 게릴라전에 시달리던 미국은 1964년 통킹만 사건이 발생하자 1965년 북의 핵심 항구인 하이퐁 항을 폭격함으로써 10년간의 길고 긴 베트남전쟁이 시작된다. 베트남은 1969년 9월, 호 주석이 사망하는 위기를 맞지만 나머지 지도자들의 선전으로 1975년 4월 30일 미군의 철수와 함께 남베트남을 함락시킨다. 이로써 미국을 이긴 세계 유일의 국가가 된다.

베트남은 통일 후인 1979년 중국과의 전쟁에서도 승리한다. 중국이 지원하던 캄보디아를 침공해 10년간의 통치를 결정한 데 대해 못마땅해 하던 중국은 국경문제를 이유로 베트남을 공격한다. 그러나 이미 초강대국 프랑스와 미국을 잇따라 이긴 베트남은 하늘을 찌를 듯한 자신감과 미국으로부터 획득한 초현대식 무기를 활용해 구식군대인 중국군을 초기에 진압한다.

베트남은 형식적이긴 하지만, 1944년 10년간 베트남을 지배하고 있던 일본에 대항해 미국을 도와 게릴라전을 시작했고 이듬해인 1945년 일본의 태평양전쟁 패배로 승리를 맛보기도 했다. 일본은 베트남 지배 10년 동안 수많은 군수물자와 식량을 수거해 감으로써 수십만 명에 이르는 베트남인들을 기아와 전쟁으로 몰아넣었다.

이로써 베트남은 1944년부터 1979년까지 불과 30여 년 동안 세계 최강 프랑스와 일본, 미국, 중국을 차례로 물리치는, 전 세계 어느 국가에서도 유례를 찾아 볼 수 없는 대기록을 보유하게 됐다.

베트남전은 미국이 이길 수 없었던 전쟁

우리나라 사람들 대부분은 베트남전쟁을 자유진영과 공산진영의 싸움, 월남과 월맹의 싸움이라고 알고 있다. 국제 역사를 미국과 소련의 양강 권력 구도로만 본다면 맞을 수 있다. 그러나 이러한 분석으로는 베트남전에서 월맹이 미국을 누르고 승리할 수 있었던 원인을 찾기 힘들다.

베트남전쟁은 그보다는 남부에 친미정권을 세우려는 미국에 대해 통일과 독립을 쟁취하려는 베트남인들의 목숨을 건 저항이라고 보는 것이 더 타당하다. 즉, 프랑스와의 오랜 전쟁을 끝내고 드디어 눈앞에 왔다고 생각했던 독립이 미국에 의해 무산된 데 대한 투쟁이라고 봐야 한다.

1954년 디엔비엔푸 전투에서 보 응웬 지압 장군에게 패한 프랑스가 제네바협정을 토대로 인도차이나에서 철수하자 베트남은 통일된 독립

국가를 수립하는 듯했으나 미국을 비롯한 8개국은 베트남을 남북으로 분리해 통치하겠다는 야심을 내보였다.

호찌민은 정상적인 방법으로는 미국의 야심을 꺾을 수 없다는 판단 아래 은밀히 주요 지도자들을 남쪽에 내려보내 베트콩을 전투세력으로 육성한다. 이미 프랑스와의 독립전쟁을 치러 싸울 줄 아는 베트콩은 장비만 첨단인 미군에 뒤질 게 없었다. 더구나 남베트남의 응오 딘 지엠 정권에는 이미 베트콩 세력이 철저히 침투해 있어 미국은 월맹의 전략을 전혀 몰랐으나 월맹은 미군의 움직임을 손바닥 들여다보듯 꿰뚫고 있었다. 심지어 월남 대통령의 가장 신뢰받던 고문조차도 북에서 파견된 요원으로 밝혀졌고 전쟁이 끝나자 월남 정부의 주요 직책 가운데 절반이 베트콩 요원들로 드러났다.

한국인들이 즐겨 찾는 호찌민시 외곽의 구찌터널을 보면 전쟁의 승패를 쉽게 가늠할 수 있다. 프랑스와의 전쟁 때부터 수십 년에 걸쳐 만들어진 구찌터널은 월남의 수도 사이공 중심에서 불과 10여km 떨어져 있는데 지하통로는 사이공강과 시내로까지 연결돼 베트콩이 월남의 안방을 제집처럼 드나들었음을 알 수 있다. 이 터널의 길이는 지하로만 수십km로 수만 명이 6개월 이상 거주할 수 있다고 한다.

베트콩은 전쟁을 전쟁으로 하지 않고 생활로 했다. 낮에는 논에 나가 일을 하고 밤에는 전사로 돌변해 미군에 대항했으며 젊은 남자만이 아니라 남녀노소 모두 적에게 치명적인 타격을 가하는 요원들이었다. 최근 베트남을 찾은 한 참전 용사는 "전쟁을 생활로 하는 베트콩에게 그들 전체를 몰살시키지 않는 한 승리할 수 있는 군대는 없다"고 실토했다. 또 베트콩은 미군이 가져다 준 최신 무기들을 부패한 월남군으로부터 쉽게 빼내 첨단무기로 무장하는가 하면 정글과 지형지물을 철저히 활용해 이방인들을 떨게 했다.

미국이 이길 수 없었던 또 하나의 이유는 월남군의 부패와 내분이었다. 미군에게서 전달되는 거액의 달러를 차지하기 위한 월남 지도자들의 내분은 이길 수 없는 전쟁을 더욱 더 패배로 재촉했다.

월맹은 또 이미 민족의 영웅인 호찌민과 전쟁 영웅 보 응웬 지압 장군 등 지도자들을 보유한 반면 월남은 구심점을 잃은 채 '미국의 앞잡이' 라는 오명 아래 전쟁의 명분마저 잃고 말았다.

이 밖에 호찌민이 이끄는 월맹은 국제여론을 자기 편으로 만들어 제3세계는 물론 미국 내에서도 반전운동을 일으켰다. 이는 결국 미국 내에 분열을 일으켜 1975년 4월 30일 스스로 물러나게 하는 성과를 얻어낸다.

베트남 참전을 사과하지 마라

베트남을 찾는 한국인들은 한국의 베트남 참전에 대해 사과를 해야 한다고 생각한다. 특히 2000년대 초반에는 베트남을 처음 방문하는 한국인들이 많아 어느 모임에서나 "한국을 대표해서 베트남 참전을 사과

한다"는 말이 인사말처럼 나오곤 했다. 그들은 이러한 사과가 한국과 베트남의 우호증진을 위한 첫걸음이라고 생각했을 것이다. 그러나 이 말을 듣는 베트남인들의 반응은 그리 좋은 표정이 아니었다. 일부 베트남인들은 무슨 뜻인지 몰라 어리둥절해 하기도 했다.

그 이유는 무엇일까? 첫째, 상당수 베트남인들은 베트남전의 한국 참전을 잘 모른다. 각급 학교에서는 그들이 '미국전쟁'이라고 부르는 베트남전에서 한국 등 연합국이 참가한 사실을 가르치지 않기 때문이다. 오로지 그들은 미국과 싸워 승리한 것으로만 알고 있다. 따라서 많은 베트남인들은 한국 사람들의 말을 듣고서야 한국이 참전했었다는 사실을 아는 경우가 많다.

둘째, 한국의 참전을 아는 정부나 당의 주요 인사라 하더라도 한국은 정식 참전국이 아니라 미국의 권유에 의해 어쩔 수 없이 용병으로 참전했다고 보고 있다. 베트남의 인사들은 한국이나 호주, 필리핀 등 연합군들의 참전은 미국의 압력에 못이겨 또는 돈을 벌기 위해 용병을 파견했다고 보기 때문에 베트남과 전쟁을 했다고 볼 수 없다는 것이다. 따라서 그들 입장에서는 "한국이 사과하는 것은 적절치 않으며 누군가 사과해야 한다면 그 당사자는 미국"이라고 강조한다.

셋째, 베트남은 패배국이 아니라 전승국이기 때문에 상대편 어느 누구한테도 사과를 받는 것은 적절하지 않다고 생각한다. 그들은 지금까지 미국에 고엽제 피해 등에 대한 보상금은 요구하고 있으나 정부 차원에서의 전쟁 보상금은 요구하지 않고 있다. 승리자이기 때문이다.

결국, 한국인들이 베트남인들에게 참전에 대해 사과하는 것은 패배자가 승리자에게 사과를 하는 우스운 상황을 연출하는 일이다.

베트남은 과거를 돌아보지 않는다

2000년 11월 베트남으로서는 엄청난 역사적 사건이 있었다.

베트남을 전쟁과 가난으로 몰아 넣은 적국 미국의 대통령이 전쟁이 끝난 지 25년 만에 처음으로 베트남을 방문한 것이다. 테러 우려 때문에 베트남 당국은 빌 클린턴 대통령의 방문을 일절 보도하지 않았고 미국 역시 대외비로 이를 추진했다.

브루나이에서 열린 아시아태평양경제협력체(APEC) 정상회의에 참석한 클린턴 대통령은 야간을 이용해 베트남으로 향했다. 일부러 늦은 밤을 이용했고 그것도 당초 예정보다 두 시간이나 늦춰 밤 12시에 하노이 노이바이 공항에 도착했다. 그의 방문 사실은 전혀 공개되지 않았는데도 공항에서 숙소인 하노이 대우호텔에 이르는 도로변에는 오후부터 양손에 베트남기와 성조기를 든 시민들이 나타나기 시작했다. 이들은 밤 12시가 넘은 시각까지 연도를 가득 메우고 클린턴 대통령의 방문을

열렬히 환영했다. 만약의 경우를 대비해 승용차 대신 군용 지프를 타고 쏜살같이 호텔로 달려간 미국 측 관계자들을 머쓱게 했다. 시민들의 환영은 클린턴 일행의 3박 4일 일정 동안 계속됐다.

연합뉴스를 포함한 외신들은 일정에 따라 움직이는 클린턴의 동정보다 시민들의 환영 열기에 초점을 맞췄다. 당연히 이러한 환영 열기가 베트남 정부에서 만든 것이 아닌가 하는 질문이 외교부에 쏟아졌다.

당시의 판 투이 탱 외교부 대변인은 기자회견을 열어 외신들의 질문에 이 같이 답변했다. "우리는 클린턴 미국 대통령의 베트남 방문에 대해 안전을 감안, 언론에 보도하지 않았다. 이번 시민들의 환영은 지극히 자발적인 것이다"고 설명하고 "시민들이 미국 대통령을 환영하는 것은 전혀 이상한 일이 아니다. 과거 우리가 미국과 목숨을 걸고 싸운 것은 그들이 우리 영토를 침범했기 때문에 우리의 독립을 지키기 위한 것이었다. 그러나 지금 미국 대통령은 우리를 도와 주기 위해 방문한 것인데 환영하는 것은 당연한 게 아니냐"고 말했다. 지금도 과거에 매달려 정쟁을 계속하고 있는 우리와는 너무도 다르다는 느낌에 얼굴이 붉어지는 순간이었다.

이러한 답변은 한국과의 관계에서 한 번 더 나왔다. 한국의 한 운동권 인사가 베트남에서 유학을 하면서 '베트남전에 참전한 한국군들의 양민학살'을 주제로 연구를 하고 있었다. 이 젊은 여성은 자신이 찾은 자료들을 국내 진보 언론에 기고하는가 하면 일부 진보단체까지 동원해 여론화를 시도했다. 이에 동조한 일부 단체들은 급기야 베트남에 조사단을 파견하자고 했고 베트남 정부에 공식 조사를 요구하기도 했다. 그러나 이 소식을 전해들은 베트남의 반응은 의외였다.

판 투이 탱 대변인은 "당시는 한국과 베트남 모두 불행한 시기였다. 그때 한국이 경제적 어려움을 해소하기 위해 미국을 도와 베트남전에 참전한 것은 사실이지만 그것이 지금의 양국 관계에 어떤 장애가 될 수 없으며 되어서도 안 된다"고 말하며 "한국은 지금 베트남의 가장 가까운 친구 중의 하나다. 과거의 일시적인 불행 때문에 가까운 친구를 잃는 것은 바보 같은 짓이다"고 일축했다. 그는 덧붙여 "베트남은 지금 과거를 돌아볼 여유가 없다. 국가를 발전시키기 위해 앞으로 달려가는 데도 힘이 모자랄 지경이다"고 결론을 맺었다.

우리를 동북아 국가로 불러 달라

베트남은 북쪽 끝이 대만과 같은 위도에 있어 동남아 국가 중 가장 북쪽에 위치한다. 그러나 남북으로 길어 남쪽 끝은 말레이시아에 근접해있다. 북쪽은 중국의 꽝시장족 자치주와 운남성에 맞닿아 있고 서쪽은 라오스와 캄보디아, 동쪽은 남중국해에 인접해 있는 큰 나라다.

한국인들은 베트남을 추켜세울 때 '동남아의 지도국'으로 부른다. 그러나 베트남인들은 동남아 국가라는 칭호를 별로 좋아하지 않는다. 필자가 베트남에 첫 특파원으로 부임했을 때 가장 많이 도와 준 응웬 꾸억 위 당시 베트남 통신사 국제부장(베트남 통신사 사장을 지냈으며 현재는 은퇴했음)은 어느 날 술자리에서 "베트남 사람들은 동남아인이라는 말을 좋아하지 않는다. 오히려 동북아인으로 불리기를 바란다"고 말했다.

당시 베트남의 1인당 국민소득은 겨우 500달러 선으로 동남아시아에서도 중위권 이하였다. 그럼에도 불구하고 위 부장이 이같이 이야기한 데는 베트남이 동북아의 '3강(强)'인 한 · 중 · 일과 어울리겠다는 염

원을 갖고 있으며 상대적으로 국력이 낮은 동남아의 범주에 머물지 않겠다는 의지를 보여주는 것이다.

그들이 동북아를 겨냥하는 데는 상당한 근거가 있다. 첫째, 베트남은 원래 중국의 일부였다. 기원전 반랑국이 있었다고는 하나 이는 설화에 나오는 것이고 실제로는 서기 939년 응오(吳) 왕조가 출범하기까지 베트남은 중국의 일부였다. 자체 역사를 가진 것은 불과 1000년 남짓하다.

둘째, 그들은 동북아인의 생활 모습과 풍습을 보인다. 중국의 지배를 받으며 농경 생활을 했던 까닭에 그들의 사고와 생활은 아열대의 동남아인들과는 달리 우리와 비슷하다. 조상을 섬기며 예의 범절을 존중하고 유교를 숭상한다. 또한 구정을 쇠고 12절기와 12간지를 아는 민족이기도 하다.

이 밖에 그들은 외모에서도 우리와 더 닮았다. 전 인구의 88%를 차지하는 비엣족(베트남에서는 낑족이라 부름)은 피부가 중국의 남부인과 비슷하다. 베트남의 나이 많은 사람들은 피부색과 체격이 동남아인에 가깝지만 2000년대 이후 경제가 발전하면서 피부색뿐만 아니라 체격도 커지고 있다. 베트남 통계국에 따르면 어린이들의 신장은 연 평균 1cm 이상씩 커지고 있다. 머지않아 그들의 외모는 대만, 중국인과 비슷할 것이라는 전망이다.

최근 들어서는 경제력에서도 동북아를 추구하고 있다. 베트남은 2000년 이후 한국과 중국, 일본으로부터 집중적인 지원을 받으며 '한 · 중 · 일 따라하기' 에 온 힘을 기울이고 있다. 한 · 중 · 일이 성장의 주춧돌로 삼은 철강과 조선, IT를 주력 산업으로 동남아를 넘어 '동북아 4강' 의 꿈을 키우고 있다.

베트남 갱이 왜 무서운가?

요즘 들어 국내에서도 베트남 조직폭력배 관련 기사가 심심치 않게 나온다. 그러나 그들의 폭력 행위가 한국인을 상대로 한 것이 아니라 자국민들을 상대로 하고, 또 조직폭력배 간의 충돌이어서 그런지 아직은 그리 심각하게 생각하지 않는 듯하다.

그러나 이미 미국과 캐나다, 호주, 독일 등지에서는 베트남 갱들의 위세가 대단하다고 알려져 있다. 다국적 갱들 사이에서도 특히 베트남 갱들을 두려워한다는데 대체 이유가 뭘까? 아마도 죽음을 두려워하지 않는 그들의 특성 때문일 것이다.

2000년까지 주 베트남 한국대사를 지냈던 조원일 대사는 항상 "베트남인들은 죽음을 두려워하지 않는다"고 말했다. 베트남을 누구보다 사랑했고 누군가 베트남을 헐뜯으면 당신이 베트남을 얼마나 아느냐고 강하게 질책하던 그였다.

필자는 2년 전 하노이 인근에서 젊은 청소년들끼리 싸움하는 것을

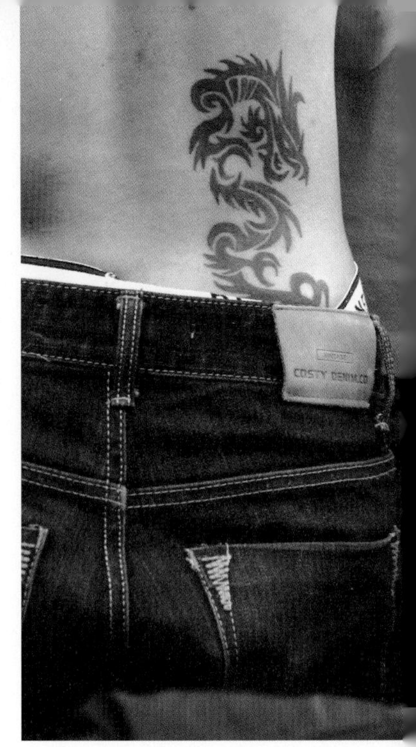

본 적이 있다. 여간해서 싸움을 하지 않는 그들인지라 관심있게 지켜봤다. 양측 5~6명씩이 가세한 이날 싸움은 몇 시간 동안 자리를 옮겨 가며 계속됐고 각종 흉기가 총동원된 무시무시한 싸움이었다. 확인은 못했지만 필시 몇 명은 중상을 입었거나 사망했을 법한 이 싸움 내내 청년들은 머리를 다쳐 피를 흘리면서도 죽기살기로 끝까지 상대방을 쫓아다니는 것을 보고 그들의 무서움을 실감했었다.

이처럼 그들이 죽음을 두려워하지 않는 데는 오랜 전쟁 등으로 주위에서 수많은 사람들이 죽는 것을 보았기 때문이다. 전쟁 중에는 폭격과 전투로 가족과 친척이 매일 같이 죽어나갔고 전쟁 후에는 가난과 질병으로 많은 사람들이 목숨을 잃었다.

1990년대 초만 해도 돈과 목숨을 바꾸는 경우도 있었다고 한다. 그만큼 살기가 어려웠던 모양이다. 2000년 초만 해도 교통사고를 내서 사망자가 발생하면 가족과 3천 달러를 주고 합의한다고 했다.

지금도 공사현장 등을 둘러보면 아찔할 때가 많다. 체구가 작은 그들은 엄청난 무게의 짐을 지고도 아무런 안전장치 없이 고층 건물 공사장을 뛰어다닌다. 전신주에 매달려 전원도 차단하지 않고 작업하는 일을 본 적도 있다.

그들이 두려움 없이 폭력을 휘두르는 이유는 또 있다. 아직 때가 덜 묻은 때문인지 신의를 중요시 하고 의리를 배신하면 마땅히 죽음을 각오해야 한다는 사고가 지배적이다. 베트남인들은 아직도 은행을 잘 믿

지 않는다. 2년 전쯤 은행 자체 조사 결과, 베트남에서 은행 계좌를 가진 사람은 전체의 10% 선에 불과하다. 나머지는 모두 개인 간 금전거래를 하고 있다. 때문에 신용을 지키지 않으면 그에 상응하는 처벌을 받아야 한다고 생각한다. 즉, 베트남 사람들은 신용을 지키지 않거나 친구를 배신하면 법에 앞서 직접 처벌을 해야 한다는 순진한 생각을 갖고 있다.

이러한 복합적인 요소들이 어우러져 베트남 갱들은 과격하다는 인상을 주는 것으로 보인다. 얼마 전 뉴욕에서는 베트남 갱들이 중국학교를 습격했다는 기사가 나왔고 미국과 캐나다 등지에서는 여성 갱단이 조직을 확대한다는 보도도 있었다.

그러나 베트남 내에서 갱들의 활동을 다룬 기사는 그리 많지 않다. 베트남은 우리처럼 불법단체 결성이 철저히 통제되고 총기 사용과 보유를 엄격히 금지하고 있어 조직폭력배들의 활동이 용이치 않기 때문이다.

2001년 호찌민시를 중심으로 세력을 펼쳤던 남깜 파가 소탕된 이후 한동안 관련 기사가 나오지 않다가 2009년 호찌민에서 조폭들 간의 총기 충돌이 있었다는 보도가 나온 적이 있다. 남깜 사건은 남부 지방을 중심으로 활동하던 조직의 우두머리 깜을 비롯해 그 관련자들을 소탕하고 그와 관련된 비호세력들을 척결하는 것이 목표였다. 수개월간 계속된 소탕작전으로 조직폭력배들은 일망타진됐고 깜을 도와주던 공안부 차관과 검찰부 총장 등 고위 관계자 수십 명이 구속되기도 했다.

제3부

아시아의 작은 호랑이

세계 최고의 이머징 마켓

2003년 이후 본격화하기 시작한 제2차 베트남 붐은 베트남을 세계 최고의 이머징 마켓으로 끌어올렸다.

세계의 경제 분야 전문가들은 베트남을 '세계에서 마지막 남은 노른자위'로 꼽았고 언론들은 '아시아의 작은 호랑이'라고 칭했다. 성급한 학자들은 브릭스(BRICs, 브라질 · 러시아 · 중국 · 인도)에 베트남을 포함시켜야 한다고 주장하기도 했다. 당시 겨우 국민소득 500달러를 넘어선 베트남을 학자들은 왜 그렇게 높이 평가했을까? 이유는 베트남의 무한한 잠재력 때문이었을 것이다.

우선, 베트남은 오랜 전쟁 등으로 그동안 개발이 거의 안 된 미지의 국가나 다름없었다. 다른 동남아 국가들이 비교적 일찍부터 서방의 지원을 받아 개발된 반면 베트남은 그럴 만한 여유를 갖지 못해 개발이 전무하다시피 했다. 1980년에 이르러서야 겨우 전쟁에서 헤어나 경제를 챙기려 하나 미국을 중심으로 한 서방국들의 강력한 경제 제재에 직면한다. 1986년 제6차 전당대회에서 도이 머이(개혁) 정책을 들고 나왔지만 필요한 재원을 구할 길이 없어 뜻대로 되지 않는다.

결국 베트남이 실질적으로 경제 개발을 추진하게 되는 때는 한국(1992년), 미국(1995년)과의 수교가 이루어져 선진국들의 경제 제재가 풀린 뒤였다. 1995년 미국과의 수교에 영향을 받아 '1차 베트남 붐'이 불기는 했으나 1998년 아시아를 강타한 IMF(국제통화기금) 경제위기로 모처럼의 기회는 반짝 경기에 그치고 만다. 이렇게 볼 때 베트남이 본격적으로 세계경제 무대에 모습을 드러낸 것은 불과 10년 남짓이다.

두 번째로 베트남은 무한한 자원을 보유하고 있다. 한반도 면적의 1.5배에 이르는 베트남은 넓고 긴 영토를 자랑한다. 2천500km가 넘는 해안선은 풍부한 해양 자원을 보유하고 있다. 특히 원유 매장량은 50억t에 이르며 아시아에서 세 번째로 많다. 2002년 이후 우리도 석유공사가 원유 개발에 참여해 짭짤한 수익을 올리고 있고 최근 많은 기업들이 베트남에서 자원 개발에 힘을 쏟고 있다. 이 밖에 육지에서는 석탄과 철광석, 주석 등이 엄청난 매장량을 자랑하며 보크사이트는 세계에서 가장 많은 매장량을 보유하고 있다. 또 미래의 자원인 쌀과 커피는 세계 2위의 수출을 기록하고 있고 후추와 수산물의 수출도 계속 늘고 있다.

이보다 더 베트남을 유망한 투자국으로 보는 이유는 젊고 잘 교육된 인력 때문이다. 수년 전 통계에서 베트남은 30대 이하 인구가 전체의 64%에 이르는 것으로 집계될 만큼 젊은 인구가 세계에서 가장 많은 국가로 꼽힌다. 덧붙여 베트남의 교육열은 우리나라만큼이나 높아 젊은 인구의 절반 이상이 대학 졸업자다.

결국 베트남에는 젊고 유능한 노동력이 다른 어느 나라보다 많고 이는 투자기업 측면에서 보면 우수한 노동력을 싸고 쉽게 구할 수 있는 장점이 된다. 즉, 베트남에서는 다른 나라에서보다 적은 비용으로 더 많은 성과를 거둘 수 있다는 것이다.

베트남인들은 또 우리처럼 젓가락 문화를 가졌기 때문인지 손재주가 좋고 감수성이 예민해 산업 역군으로서 무한한 가능성을 보여 준다. 국내에서 중소기업을 운영하는 한 사장은 "동남아와 중국인 근로자들을 많이 고용하는데 베트남 근로자들이 만든 상품의 불량률이 가장 낮다"고 말했다. 그러나 "그들은 능력이 우수한 만큼 요구가 많다"고 사장은 덧붙였다.

이 밖에 베트남은 공산당 일당체제로 인해 정치가 안정돼 있고 완벽한 공권력으로 치안이 잘 유지되며 정부의 경제개발 의지 또한 성장을 앞당기는 요소가 되고 있다. 이처럼 엄청난 개발 여지와 풍부한 자원, 젊고 유능한 인력을 모두 갖춘 베트남에 기술과 자금을 보유한 선진국들이 매력을 느끼는 것은 당연하다.

그러나 이러한 호재와 더불어 투자를 해치는 악재도 없지 않다. 공무원 사회에 만연한 부정부패는 외국투자 유치에 가장 큰 장애물로 꼽히고 공산주의 사회의 특징인 느린 의사 결정도 문제점으로 지적되고 있다.

세계에서 가장 젊은 베트남

기업인들이 베트남에서 사업을 할 때 당황하는 것 중 하나가 파트너가 너무 젊다는 것이다. 보통 국내 기업의 대표들은 50~60대인데 반해 베트남 기업의 대표들은 30~40대가 대부분이고 더러는 20대도 있기 때문이다.

최근 금융 분야 진출을 위해 베트남을 찾은 한국의 A 사장은 20대 후반의 파트너를 만나 당황한 적이 있다. 2008년 A 사장은 하노이 대우호텔 커피숍에서 상대 파트너를 만나기로 약속했다. 그런데 약속 시간이 지나도 상대가 나타나지 않아 직원을 시켜 다시 전화를 했다. 그러자 바로 옆 테이블에 앉아 있던 한 젊은이가 전화를 받는 것이 아닌가. 동행 직원도 없이 혼자 컴퓨터 한 대만 들고 약속 장소에 나와 있는 이 왜소한 체격의 젊은이가 파트너 업체의 대표일 것이라고는 생각조차 못했던 A 사장은 다소 실망할 수밖에 없었다.

그러나 A 사장의 생각은 잠시 후 달라졌다. 명함에 대표라는 직함을 넣은 이 젊은이는 면담이 시작되자마자 컴퓨터를 열고 유창한 영어로 자신의 구상을 펼쳐보였다. 컴퓨터 화면에 펼쳐지는 이 젊은 사장의 구상과 의욕에 찬 태도는 금방 A 사장의 마음을 돌려놓았다. A 사장은 그날 저녁 젊은 사장을 초대해 합작에 대한 MOU(양해각서)를 체결했음은 물론이다.

베트남을 '아시아의 작은 호랑이'로 보는 가장 큰 이유는 바로 베트남의 미래가 젊다는 것이다. 2006년 통계를 보면 인구 8천300만 명 중 30대 이하가 전체의 63%인 5천600만 명이나 된다. 지금은 다소 달라졌다 해도 30대 이하 인구가 전체의 절반은 넘을 것으로 예상된다. 반면 60세 이상 인구는 전체의 9%에 그쳐 노령화로 노동인구가 점차 줄어들고 있는 한국, 일본과는 엄청난 차이를 보인다.

베트남은 인구 증가율도 1.27%나 돼 한 해 평균 100만 명 이상의 신생아가 태어난다. 베트남 역시 과거의 우리처럼 '둘만 낳아 잘 기르자'는 캐치프레이즈를 내걸고 산아제한을 실시하기도 했으나 지금은 인구 증가율이 크게 둔화돼 더 이상 권장하지 않고 있다.

베트남이 이처럼 젊어질 수 있었던 이유는 물론 전쟁 때문이다. 100여 년에 걸친 전쟁 과정에서 베트남의 남성들은 장기간 전쟁터에서 살았고 가족보다는 국가를 우선해서 싸웠다. 남성 사상자가 많다 보니 여성들만 사는 가정이 늘어났고 자연히 마을에서 아기를 보기가 어려웠다.

그러나 1975년 미국과의 전쟁이 끝나고 상황은 달라졌다. 전쟁에서 돌아 온 남성들이 결혼을 하고 일자리가 없이 가정에 머물면서 자녀들이 늘어나기 시작했고 이들이 오늘의 베트남을 지키는 전후세대가 됐다.

전쟁의 영향 때문인지 베트남인들은 어린이를 유난히 좋아한다. 오

토바이를 타고 길거리를 가다가도 어린이를 보면 그냥 지나치지 않고 아는 척을 한다. 그들은 또 과거 우리처럼 남아를 선호한다. 베트남 병원에서는 언제든지 태아의 성별을 알려주기 때문에 여자로 밝혀지면 낙태하는 일도 많다고 한다.

그러나 실생활에서는 남녀 차별이 거의 없고 오히려 직장의 우수한 직원 중에는 여성이 더 많다. 최근 국내에서도 그러한 상황이 지속되고 있는데 베트남에서도 신규사원 채용 시험을 보면 여성 지원자들의 성적이 월등히 좋고 면접에서도 훨씬 높은 점수를 받는다. 오히려 우수한 남성 자원이 드물어 남성들이 필요한 일부 직종에서는 고민스러울 정도다.

젊은 베트남은 인력이 남아돌아 한국을 비롯한 선진국으로 인력을 수출하고 있다. 훗날 이들을 중심으로 베트남의 산업이 활성화된다면 엄청난 저력을 발휘할 것으로 예상된다.

그런 이유 때문일까. 그들은 아직 국민 소득이 1천 달러 남짓하고 산업도 발전 초기단계에 있지만 자신감만은 다른 어느 나라보다도 충만하다.

도이 머이와 도 무어이

사람들은 베트남 하면 흔히 '도이 머이'를 연상한다. '도이 머이(DOI MOI)'는 우리말로 번역하면 '바꾼다'는 뜻의 'DOI'와 '새로운'이란 뜻의 'MOI'가 합쳐진 말이다. 결국 새롭게 바꾼다는 뜻이다.

도이 머이와 흔히 혼동하는 '도 무어이'는 무엇인가? 도 무어이는 도이 머이 정책을 도입하고 이를 실천한 주역의 이름이다. 공교롭게도 도이 머이 정책과 이 정책을 만든 도 무어이의 이름이 비슷해 현지 사람들조차 헷갈리는 경우가 있다.

1986년 제6차 전당대회에서 총리를 맡아 도이 머이 정책을 직접 도입한 도 무어이는 1991년 제7차 전당대회에서는 최고 서열인 공산당 서기장을 맡아 실질적으로 도이 머이 정책을 이끌었다. 그는 서기장 시절인 1995년 베트남 최고지도자로는 처음으로 한국을 방문해 직접 새마을 운동을 벤치마킹하고 선진 기술을 익히는 열정을 보였다. 한국이 이때부터 시작된 '제1차 베트남 투자붐'에서 베트남에 많은 투자를 하게 된 것도 대부분 도 무어이 서기장의 몫이라 할 수 있다. 무어이 서기장은 서기장 시절은 말할 것도 없고 1997년 서기장 직에서 물러나 당 고문으로 있으면서도 베트남에 진출하는 한국 기업들을 돕는 데 많은 역할을 했다.

도 무어이 서기장은 1996년 제8차 전당대회에서 같이 일했던 레 둑 아잉 주석, 보 반 끼엣 총리와 함께 서기장에 연임됐으나 이듬해인 1997년 지도층의 혁신을 위한다는 명목으로 주석 총리와 함께 동반 퇴진을 한 보기 드문 인물이다.

도이 머이 정책은 공산주의 베트남이 이전의 정책적 잘못을 인정하고 새로운 시장경제로의 개혁을 추진한 의미 있는 변화였다. 그렇다면 도이 머이는 왜 나왔을까?

첫째는 통일 후 시도한 사회주의 경제정책의 실패 때문이다. 베트남은 1975년 통일 이후 소련과 중국 등의 조언을 받아 국영집단농장제를 실시하는 등 공산주의 정책을 시행했다. 그러나 남부에서 이미 자본주의 경제를 맛본 반쪽 국민들은 사회주의 경제체제를 제대로 받아들이지 못했고 북부에서도 생산성 저하라는 치명적인 결과를 낳았다. 이로 인해 국민들은 생활이 어려워지고 사회주의 정책에 대한 불만은 커져갔다. 통일정부가 추진한 중공업정책도 재정확보의 어려움으로 제대로 성과를 낼 수 없었다. 미국은 베트남에서 철수한 이후에도 베트남에 대한 경제 제재를 유지해 실질적인 압박을 계속하고 있었다. 그럼에도 베트남은 미국과의 전쟁이 끝나자마자 캄보디아를 침공하고 중국과 국경전쟁을 치르는 등 전쟁으로 인한 지출이 많아져 재정난은 더욱 심해졌다.

두 번째는 중국과 소련의 개방정책이 큰 영향을 미쳤다. 중국은 1970년대 말, 이미 개혁 · 개방정책을 시도해 경제발전을 이루었고 베트남에 가장 큰 영향을 미치고 있던 소련마저 고르바초프가 당 서기장이 되면서 냉전을 종식하고 개방을 추진했다. 즉, 도이 머이는 중국과 소련의 정책을 모방했다고 볼 수 있다.

국내적으로는 통일 후 30년간 사회주의 경제정책을 이끌어 온 레 주안 당 서기장이 사망한 것도 큰 요인이 됐다. 주안 서기장의 사망은 베트남에 새로운 정책 도입의 계기를 제공했다.

이러한 요인들로 인해 추진된 도이 머이에는 다섯 가지 원칙이 있었다. 첫째, 중앙집권적 계획경제체제에서 시장경제체제로 바꾼다. 둘째, 대외개방을 적극적으로 추진한다. 셋째, 국영기업의 경영 자율성을 확대한다. 넷째, 개인 소유를 인정한다. 마지막으로, 농업개혁을 통해 농민의 개인 생산 활동을 인정한다 등이었다.

결국 도이 머이 정책의 초점은 잘 살기 위해 공산주의 정책을 포기하고 개혁과 개방으로 시장경제를 받아들이겠다는 것이었다. 아울러 이 정책은 그 동안 정부가 주도해 온 사회주의 계획경제가 실패했음을 인정하는 것이기도 했다.

그러나 이러한 도이 머이 정책도 갑작스러운 변화를 우려하는 원로들의 반대와 개혁에 필요한 재원 확보 등의 어려움으로 실제 추진하는 데는 상당한 시간이 걸렸다. 정책은 1986년 도입됐지만 실질적으로 추진되기는 1990년대 들어서다.

호주와 한국을 비롯한 서방 국가들과의 국교가 정상화하면서 개방경제는 서서히 성과를 거두기 시작했고 1995년 미국과의 수교가 이뤄지면서 본격적인 베트남 붐이 일기 시작했다. 2006년 도이 머이 정책 도입 20주년을 맞아 베트남의 각종 기관에서 자체 평가를 실시했는데 전체적으로 대성공이라는 평가를 내렸다.

1986년 한 해에만 587%의 인플레율을 보였던 베트남 경제는 도이 머이 이후 안정세를 보이기 시작했고 20년 동안 경제는 8배 이상 성장했다는 결과가 나왔다. 베트남의 GDP(국내총생산)는 2005년 말 현재 530억 달러로 20년 만에 8배가 늘어나는 성과를 올린 것으로 나타났다. 1인당 178만 동이었던 국민 1인당 GDP는 2006년에는 1천만 동으로 5배 이상 늘었고 외국인 투자는 135배나 늘어났다. 수출은 40배가 늘었고 절대빈곤 가정의 비율도 70% 이상에서 7%로 급감하는 기염을 토해냈다.

태국의 급성장과 중국의 개방정책을 본떠서 시도한 도이 머이는 오늘날 베트남이 전 세계의 시선을 모으게 된 원동력이다.

호찌민이 김일성을 부끄럽게 한 이유

호찌민과 북한의 김일성은 호찌민이 사망할 때까지 사회주의 우방국의 리더로서 형제처럼 지내는 사이였다. 두 지도자는 1950년대 초반 양국을 상호방문하며 신생국끼리의 국가통치 노하우를 교환하기도 했다. 그처럼 절친한 사이였지만 1960년대 호찌민이 김일성을 깜짝 놀라게 한 일이 있었다.

미국과의 전쟁이 한창이던 1965년 김일성은 사회주의 형제국인 월맹에 무엇인가 도움을 줘야겠다는 생각에 무기와 병력을 지원하겠다고 밝혔다. 그러나 호찌민에게서 돌아온 답변은 의외였다.

호찌민은 "지금 이 전쟁은 국가 간의 전쟁이 아니라 우리의 영토를 빼앗으려는 미국에 대한 인민의 투쟁인 만큼 우리 힘으로 해결하겠다. 대신 우리를 돕고 싶다면 전쟁으로 인해 젊은이들이 학업을 제대로 하지 못하고 있으니 대학생들을 데려가서 공부를 시켜달라"고 말했다. 얼

굴이 달아 오른 김일성이 당장 베트남 학생들을 초청했음은 물론이다.

1960년대 중반부터 1970년대 중반까지 10여 년간 베트남의 인재들이 북한의 김일성종합대학과 김책공대 등에서 공부를 한 것은 바로 이런 연유에서다. 해마다 100명 내외의 학생들이 북한으로 유학을 가서 당시만 해도 아시아에서 잘 사는 나라 중의 하나였던 북한의 선진 기술을 배웠다.

2010년 3월 임기를 마치고 한국을 떠난 팜 띠엔 반 주한 베트남 대사와 현재 북한에 주재하고 있는 끄 대사, 이전에 한국과 북한 대사를 지낸 특 대사 등이 모두 당시 북한에서 유학을 했던 이들이다. 이들은 지금도 베트남 내에서 탄탄한 인맥을 구성하며 한국 기업의 베트남 진출과 남북한 관계정상화에 큰 몫을 하고 있다.

북한은 후에 전쟁이 격화되자 직접 공군 조종사들을 베트남에 파견하기도 했다. 미군의 폭격이 계속되자 베트남이 북한에 도움을 요청한 것이다. 북한 측은 베트남 조종사들을 교육시키기 위한 요원들이었다고 주장하지만 2000년 필자가 쓴 기사로 인해 북한의 참전 사실이 처음으로 밝혀져 세계 언론을 떠들썩하게 했었다.

필자가 베트남 초대 특파원으로 부임한 지 한 달 만에 이처럼 세계적인 특종을 한 것도 외교부 내 평양학 파의 도움이 컸다. 2000년 4월 북한의 김영남 당시 외교부장이 베트남을 방문했는데, 방문 사흘째는 아예 일정을 잡지 않았다. 외교부 관계자에게 무슨 일이냐고 물었더니 박장성의 한 시골을 방문한다고 했다. 이상하다는 생각에 일행을 추적한 내 눈앞에 놀라운 광경이 들어왔다.

하노이에서 북동쪽으로 50km 정도 떨어진 박장성의 한 작은 마을에 붉은 색 한글로 된 충혼탑이 우뚝 서 있었고 그 뒤 500평 남짓한 평지에는 전쟁 당시 사망한 북한군 조종사들의 무덤이 가지런히 놓여 있었다. 비석에는 붉은 글씨로 사망 연도와 나이, 고향까지 한글로 새겨져 있었다.

이 기사로 그토록 오랫동안 부인해 왔던 북한의 베트남 참전 사실이 알려졌고 필자는 덕분에 세계적인 특종을 했다. 그러나 베트남 외교부로부터 한 번 더 베트남 국익에 반대되는 기사를 쓸 경우 추방하겠다는 엄중 경고를 받아야 했다.

이야기가 잠시 벗어났지만, 호찌민의 교육에 대한 열정은 비단 북한뿐 아니라 소련과 체코, 폴란드, 심지어는 쿠바까지, 대부분의 사회주의 국가들에 학생들을 보내 공부를 하게 했다. 소련과 체코, 폴란드 등지에서는 보다 많은 학생들이 유학을 했으며 이들이 현재 베트남 정계의 주축을 이루고 있다. 오늘날 베트남의 학맥이 우리와 같은 서울대, 연·고대 등 국내 인맥이 아니라 북한 파, 체코 파, 러시아 파, 폴란드 파 등으로 나누어져 있는 것도 바로 이 때문이다.

호찌민은 항상 "독립 다음으로 중요한 것은 교육"이라고 주장했다. 그는 "교육이 죽으면 미래가 없다"고 강조했다. 따라서 베트남의 교육은 1990년까지만 해도 전 과정이 무료였다. 국가가 모든 교육을 책임진다는 것이다.

그러나 1990년 이후 비용 부담이 늘어나면서 초등학교 5년 과정만 무료로 하고 중학교 4년, 고등학교 3년, 전문학교 3년, 대학교 4~5년 과정은 유료로 바뀌었다. 하지만 대학생들의 학비는 연간 200달러(약 21만원) 정도로 우리에 비해 매우 싸다. 그리고 대학을 다니면 군대에 가지 않아도 되고 외국에 유학을 해도 근거 서류만 내면 병역을 면제 받는다. 학생들은 방학 기간 군부대에 들어가 소집훈련을 받는 것으로 군복무를 대신한다. 학생이 가장 대우를 받는 나라가 아닐까 하는 생각이 든다.

여담이지만 몇 년 전 베트남에서는 병역과 관련해 우리로서는 이해하기 힘든 일이 있었다. 학력 높은 도시의 청년 대신 형편이 어려운 시골의 젊은이들이 군에 많이 갈 수 있도록 해 달라고 집단 민원을 낸 것이다. 국방부는 예산 절감을 위해 군 병력을 더 줄이고 싶지만 이럴 경우 실업자가 양산될 우려가 있어 현재의 40만 명 선을 유지하고 있다.

그래서 정부는 집안에 생활을 할 사람이 없거나 학업을 계속해야 하는 등 충분한 이유가 있으면 병역을 면제해 준다. 그러나 시골의 가난한 젊은이들은 군에 입대해 식구를 한 명이라도 줄이고 기술을 배우거나 작은 월급이라도 받아 집에 보탬이 되기를 원한다.

잘 살고 권력 있는 가문의 병역 문제가 청문회 때마다 단골 메뉴로 나오는 우리나라와는 정반대의 현실이 부럽기도 하다.

한국에 버금가는 교육열·과외열풍

호찌민의 가르침 때문일까? 아니면 가난에 빠져린 부모들의 욕심 때문일까? 베트남인들의 교육 열기는 가히 우리를 능가한다.

2008년 하노이에서 취재 도중 한국어를 배우는 한 학생을 만난 적이 있다. 여러 가지 취재 도움을 받아 답례로 회사의 기념품을 주었더니 필자를 자신의 집으로 초청하겠다고 했다. 평소 베트남 학생들이 어떻게 사는지 궁금하던 터라 기꺼이 초청에 응했다.

그들이 사는 곳은 국립 하노이 외대에서 그리 멀지 않은 꺼우저이 지역으로 3남매가 5평 남짓의 작은 방에서 함께 생활하고 있었다. 두 자매는 하노이 외대에서 중국어와 한국어를 배우고 막내는 고등학생이었다. 이들 세 명이 살고 있는 방의 월세는 50만 동으로 우리 돈으로 3만 원 정도다.

이들이 학비로 연간 내는 돈은 세 명을 합쳐 500달러, 우리 돈으로 55만 원 가량 된다. 공장 근로자의 한 달 월급이 100달러 내외인 그들에게는 큰 돈이다. 이들이 연간 하노이에서 공부하는 데 드는 돈은 방세와 학비, 음식비 등을 합쳐 1천 달러 내외였는데 대부분 남매가 아르바이트와 통역으로 충당한다고 했다.

그들의 고향은 베트남에서도 살기가 힘든 고장으로 알려진 탱화성인데 버스를 두 번 갈아타고 다섯 시간을 가야 닿을 수 있는 시골마을이라고 했다. 부모와 큰 형은 농사를 짓지만 땅이 넉넉지 않아 먹고 살기도 빠듯하다고 했다. 이런 상황에서 세 명의 아들딸을 하노이에 보내 공부를 시킨다는 것이 기적처럼 보였다.

1960~1970년대 우리의 부모와 우리가 그랬던 것처럼 베트남도 같은 길을 걷고 있다. 오랜 전쟁으로 학교 문턱에도 가보지 못한 그들의 부모는 배우지 못했기 때문에 겪어야 하는 가난과 외로움을 자식들에게는 절대 물려주지 않겠다는 의지가 대단하다. 비록 자신들은 당장의 끼니도 걱정해야 할 처지이지만 자식들만은 하노이나 호찌민 등 대도시로 보내 남들보다 나은 교육을 받게 하는 것이 그들의 목표다.

베트남에서 교육 관련 에피소드는 쉽게 찾아 볼 수 있다. 베트남의 어린이들도 우리나라 못지않게 여러 종류의 학원을 다닌다. 두세 살이면 유아원을 다니고 다섯 살 정도가 되면 유치원과 글쓰기, 영어학원 등을 다닌다. 초등학생들이 과외로 태권도와 어학 공부를 하는 것도 우리와 마찬가지다. 학교가 끝나는 시간이며 부모들은 학생들을 오토바이에 태워 다른 학원으로 데려 간다.

치맛바람 역시 우리 못지않다. 한 달에 한 번 정도 학부모들이 학교를 찾는 행사가 있는데 반드시 봉투가 뒤따른다. 봉투의 부피에 따라 자녀들의 자리가 바뀌는 것은 물론이다.

최근에는 베트남에도 유학 열풍이 불고 있다. 미국에는 교포인 비엣꾸를 포함, 수십만 명에 가까운 베트남 학생들이 있고 한국, 일본, 중국, 프랑스, 호주 등지에도 수만 명의 유학생들이 나가 있다. 이들은 그곳 학교에서 다른 나라 학생들에 비해 대부분 성적이 뛰어나다. 한국에는 1천 명 정도의 베트남 유학생이 있는 것으로 집계되고 있다.

대학 진학 경쟁도 뜨겁다. 베트남 역시 인기 있는 대학은 의대와 외상대, 법대, 외교대 등이다. 고등학교에서 우리의 수능시험과 비슷한 일제고사를 치러 그 성적에 따라 대학을 선택한다. 일제고사 점수가 낮으면 좋은 대학을 갈 수 없기 때문에 시험을 둘러싼 부정행위가 적발돼 신문지상을 장식하기도 한다. 2007년경 휴대전화를 이용한 커닝 조직이 적발되기도 했다.

2000년대 들어 경제가 급성장한 베트남은 경제성장과 함께 필요한 인력 확보에 어려움을 겪고 있다. 학생들의 면학 분위기는 강하지만 낙후된 대학의 시설과 교수진의 역량이 현대 산업에 필요한 인력을 충당하기에는 태부족이기 때문이다.

대부분 국립이나 공립인 대학들은 재정 상황이 넉넉지 못해 외국의 지원 없이는 최신 시설이나 능력 있는 교수를 수용할 수 없다. 하노이 국립대 교수의 월급이 200달러 내외이니 좋은 교수진을 구한다는 것은 현재로선 쉽지 않아 보인다. 국민들의 학구 열풍에 턱없이 못 미치는 대학의 수준을 높이는 것은 베트남이 한 단계 더 발전할 수 있느냐를 결정하는 중요한 요소임에 틀림없다.

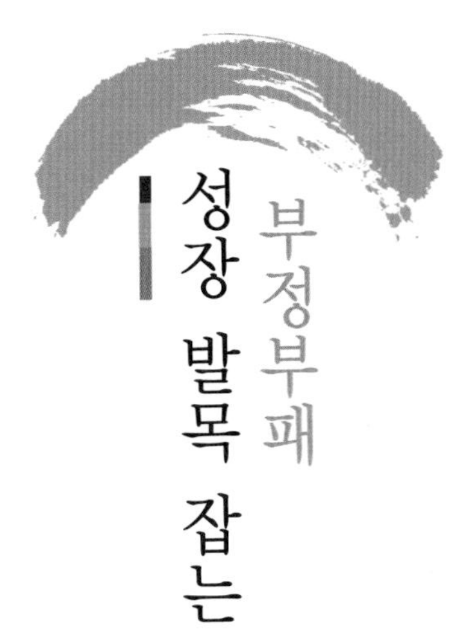

성장 발목 잡는 부정부패

2008년 일본이 베트남에 대한 원조를 중단하겠다고 전격 발표했다. 해마다 10억 원 내외의 ODA(공적원조자금)를 베트남에 지원해 전체 원조 자금의 절반 가까이를 차지하는 일본이 갑자기 지원을 중단하겠다고 하니 베트남으로서는 경제가 일시에 스톱될 엄청난 일이 일어난 셈이다. 뿐만 아니다. 일본이 원조를 중단하면 한국을 비롯한 다른 나라들도 원조를 줄이거나 중단할 것이다.

일본의 중단 이유는 베트남 정부의 부정부패 때문이었다. 그동안 해마다 두 번씩 열리는 원조공여국 회의 때마다 부정부패 척결을 요청했지만 오히려 부패가 더 심해져 원조 자금의 투명성을 보장하기 어렵다는 것이 일본의 중단 이유였다.

이러한 중단 조치가 나오는 데 결정적인 역할을 한 것은 호찌민시였다. 호찌민시가 일본의 ODA 자금으로 도로공사를 하면서 한 일본 컨설팅 회사로부터 돈을 받고 공사를 맡긴 것이 드러났기 때문이다. 더욱이 이러한 사실은 일본에서 관련 회사를 조사하던 과정에서 밝혀졌고 이와 관련 베트남 측에 조사를 요구했으나 명확한 조치가 나오지 않았다.

일본이 엄포에 그치지 않고 실제로 원조 중단을 선언하자 베트남은 호찌민시 관련자들을 서둘러 구속시켰다. 그리고 응웬 떤 중 총리가 직접 일본을 방문해 사죄하고 부정부패 척결을 위한 단계적인 조치를 철저히 이행하겠다고 선언했다.

그러나 베트남의 부정부패는 해묵은 것이어서 쉽게 사라질 기미가 보이지 않는다. 먼저 베트남의 부정부패는 생활과 풍습에서 나온 것이어서 부패에 대한 인식이 부족하다. 그들은 전통적으로 함께 살고 서로 돕는 문화에 익숙하다. 또 도움을 받으면 잊지 않고 언젠가 반드시 보은하는 풍습이 있다.

요즘도 친척이나 동향 사람들은 서로 도와주고 이에 대해 돈이나 물품으로 보답하는 풍습이 이어지고 있다. 그들은 친척을 취직시켜 줄 때도 한 달 급여를 소개비로 받는다. 어떤 직장에서 수십 년 이상 일한 사람에게는 자신이 추천하는 사람을 그 부처의 직원으로 채용할 수 있는 특권도 주어진다. 부자와 친척이 같은 회사에 많은 이유도 이 때문이다.

이러한 미풍양속이 부패의 씨앗이 됐다. 경제 규모가 커지면서 보상 규모도 커졌고 이제는 보상이 없으면 도움도 없게 됐다. 이런 현상이 지속되면서 뇌물에 대한 불감증도 생겼다.

베트남 공무원들은 두 가지 급여를 받는다고 한다. 하나는 공식적으로 정해진 월급이고 두 번째는 매월 해당 부서가 사업을 해서 벌어들인

돈의 일부를 배당 받는 것이다. 베트남은 국가 재정은 빈약한데 반해 사기업이 없었던 관계로 공무원 수는 엄청나게 많아 정부에서 그 많은 급여를 제대로 줄 수 없었다. 그래서 각 부서가 사업을 해서 수입이 생기면 비용을 뺀 나머지를 해당 부서 직원들이 나눠 갖는다.

대학을 졸업하는 유능한 학생들이 월급이 서너 배 많은 외국 기업보다 공무원을 택하는 것은 장래가 보장됨은 물론 급여 또한 비공식 수당을 보태면 외국 기업과 큰 차이가 없기 때문이다. 더구나 석유공사, 조선공사, 전력공사 등 인기 부서에서는 자녀들의 유학은 물론 본인의 유학까지 알선해 준다. 이런 까닭에 각 부서는 앞다퉈 돈을 버는 데 열중하고 돈을 잘 벌어오는 직원이 승진도 빨리 하는 우수 직원이 된다.

예를 들어 한국의 통신업체가 베트남 우정통신부로부터 통신프로젝트 허가를 받기 위해서는 공식 비용 외에 해당 부서 직원들의 수고비도 필요하다. 또한 이 프로젝트가 우정통신부 외에 기획투자부나 다른 부서의 협조가 필요하다면 그 부서에도 마땅한 조치를 해야 한다.

호찌민에 있는 한국의 한 중소업체가 호찌민 시내에 전광판을 설치하기 위해 해당 부처와 2년간 씨름한 끝에 겨우 허가 통보를 받았다. 이 업체 사장은 너무나 기뻐 그날로 비행기를 타고 하노이로 날아 왔다. 그러나 그가 허가증을 받아 간 것은 3개월 후였다. 행정처는 해당 부서와는 아무런 관계가 없는 또 다른 부서였고 여기에서도 '절차'가 필요했기 때문이다. 가볍게 생각한 사장은 아무 조치없이 관계자를 만나러 뛰어 다녔으나 그때마다 "담당직원이 없다" "행사가 있어 바쁘다"는 등의 이유를 들어 허가증을 주지 않았다. 사장은 나중에야 자신이 허가증을 받을 수 없었던 이유를 알게 됐다.

하노이 신도시 지역에 빌딩을 짓는 건설업체 김 사장은 프로젝트 허가가 마무리 됐다는 소식을 듣고 감사의 뜻으로 봉투 한 개를 가져 갔더니 담당자가 한 개를 더 만들어 올 수 없느냐고 말했단다. 이유인즉, 그 봉투는 공식적으로 직원들이 나누어 쓸 돈이고 자신이 모든 것을 알선했으니 그 대가를 별도로 달라는 것이었다.

베트남에서 사업을 하다보면 수시로 이런 봉투가 필요하다. 명절 때나 담당자가 바뀔 때, 프로젝트가 변경될 때 등이 그런 경우다. 베트남에 이렇게 뇌물이 횡행한 데는 한국 업체들의 책임도 크다. 한국 업체들이 들어오면서부터 프로젝트를 빨리 따내기 위해 '뇌물 가져다 바치기' 경쟁을 했다는 것이다.

한 공무원은 당시를 떠올리며 "한국인들은 프로젝트를 시작하면 서류를 내기 전부터 뇌물부터 들고 오고, 절차를 제대로 밟고 있는데도 뇌물을 들고와 재촉을 한다"고 회상했다. 그는 "지금도 일본이나 미국 등의 업체들은 절대 봉투를 건네지 않고 규정에 따라 늦더라도 기다리며 사업을 한다"고 말했다.

2007년에는 한국이 뇌물과 관련해 처음으로 OECD(경제협력개발기구)로부터 경고를 받았다. 베트남 남동부 나짱 지역에서 리조트 건설을 추진하던 한국인이 현지 캥화성 간부들에게 뇌물을 제공한 사실을 시인한 것이 OECD에 보고됐기 때문이다. 이 한국 기업인은 깜란 지역 리조트 사업권을 따내기 위해 캥화성 담당 간부에게 뇌물을 제공했으나 사업승인 소식이 없자 해당 간부를 상대로 소송을 제기했던 것. 캥화성 정부는 해당 간부를 처벌하고 한국 기업인에 대해서도 사업권을 주지 않겠다고 했다. 그러자 이 기업인은 기자회견을 통해 소송 제기로 불이익을 당하고 있다고 하소연했다. 결국 법원은 이 기업인을 더 이상 베트남에서 사업하지 못하도록 조치하고 OECD에 이를 보고했던 것이다. 옳지 못한 기업인으로 인해 한국은 국제무대에서 '뇌물 공화국'이라는 오명을 써야 했다.

뇌물의 형태도 달라지고 있다. 초기에는 베트남 사람들이 좋아하는 금붙이 등이 유행했다. 한국 기업들은 황금 열쇠나 황금 거북이를 만들어 필요한 액수만큼 제공했다. 그러나 액수가 커지면서 자연스럽게 달러로 바뀌었다. 최근에는 정부의 감독이 심해져 해외은행 계좌를 통한 뇌물이 성행한다고 한다.

부패 퇴치를 위한 노력도 하나 둘 나타나고 있다. 당과 정부가 나서서 부정부패를 차단하기 위한 각종 조치를 잇따라 발표한 데 따른 것이다.

몇 년 전 하노이시는 하노이-하이퐁 고속도로 톨게이트에 근무하는 직원들의 호주머니를 없애도록 지시했다가 이제는 아예 표를 파는 곳과 받는 곳을 완전히 분리했다. 또 최근 하노이 경찰은 배가 나온 경찰은 교통업무를 하지 못하도록 지침을 내렸다. 교통경찰들이 뇌물을 많이 받아 뚱뚱해졌다는 이미지를 불식시키기 위한 조치로, 재미있는 발상이다.

이 밖에도 베트남은 경제 범죄라 하더라도 죄질이 무거운 사람에게는 최고 총살형의 극형까지 내리고 있다. 몇 년 전 하이퐁의 은행에서 외환 딜러를 하던 여직원이 네덜란드 은행과의 거래에서 국가에 막대한 손실을 입힌 사실이 발각돼 총살형이 내려졌다. 또 한 여성 기업인은 주민들의 땅을 임의로 빼앗아 땅 투기를 했다는 이유로 역시 총살형을 당했다.

그러나 이러한 강력한 제재에도 불구하고 만연된 공무원들의 부패는 여전하다는 데 문제의 심각성이 있다고 관계자들은 지적하고 있다.

제4부 베트남은 우리의 형제국인가?

닮은 꼴 한국과 베트남은

수년 전 국내 한 기관에서 주변국 사람들의 DNA를 검사했더니 가장 유사한 국민이 베트남인이었다는 기사가 있었다. 중국인이나 몽골인 혹은 일본인일 것이라는 짐작과는 다른 의외의 결과였다.

그러나 베트남에 오래 머물다 보면 충분히 그럴 수 있다는 생각이 든다. 베트남을 처음 찾는 한국인들은 공항에 도착하면 훅 덮쳐오는 습한 더위에 우선 질리게 되고 시멘트로 된 이상한 모양의 건물과 거리를 꽉 채운 오토바이를 보고 "아, 이 곳이 베트남이구나"하는 느낌을 받는다.

그러나 호텔에 도착해 종업원들의 안내를 받고, 혹시 말이 통하는 베트남인이나 한국인이라도 만나면 태국이나 말레이시아 등과는 달리 외국에 왔다는 생각을 금세 잊게 된다. 특히 베트남인들과 만나 소주라도 한 잔 하게 되면 베트남에 왔다기보다 잠깐 고향에 다니러 온 듯한 착각이 들기도 한다. 말이 잘 통하지 않더라도 대화는 충분히 이어지고 순진한 그들의 행동은 시골에서 자란 우리네 형제 같은 느낌을 준다. 그리고 술이 한두 잔 들어가면 말이 많아지고 쉽게 스킨십이 이루어지는 것이 영락 없는 시골 친구다.

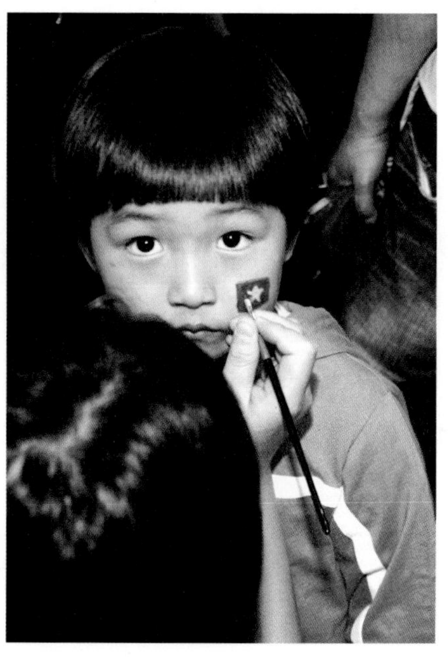

현지 대학에서 베트남 사회에 대해 연구하는 한국인 학자는 한국인들의 이러한 감정은 자연스러운 것이라고 말한다. 꼭 어떤 요소를 들어 설명을 할 수 있는 게 아니라 그저 만나보면 자연스럽게 느껴지는 감정이라는 것이다.

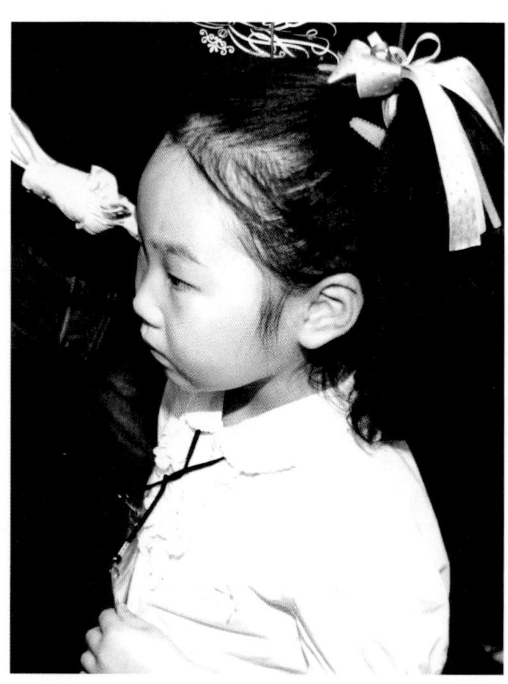

이 학자의 말처럼 분명 양국민들 간에는 말로 표현할 수 없는 어떤 느낌이 있는지 모른다.

실제 양국민 간에는 닮은 점이 많다. 우선 외모도 크게 다르지 않다. 지금은 한국이 잘살게 돼 키가 크고 얼굴이 희고 잘생긴 반면 베트남인들은 키가 작고 피부색도 검다. 그러나 최근 통계를 보면 베트남 청소년들의 평균 신장이 해마다 2~3cm씩 커가고 있다. 미국에 있는 베트남 동포들이 키가 크고 얼굴색이 희듯이 최근 베트남 초등학생들의 외모도 우리의 초등학생들처럼 키도 크고 피부도 뽀얗다.

베트남인들의 뿌리에 대해서는 여러 가지 설이 있다. 베트남 신생아들의 일부에서는 몽골리안임을 입증하는 몽골반점도 있다고 하니 우리와 크게 다르지 않을 것이라는 생각이 든다. 아마도 상당수 베트남인들은, 몽골이 텐샨 산맥과 히말라야를 넘어 유럽으로 향할 때 그 일부가 남쪽으로 내려와 정착했을 가능성이 있고 일부는 중국 대륙을 통해 내려왔을 수도 있다.

베트남은 건국신화까지 우리와 비슷하다. 경제 성장으로 여유가 생긴 그들은 2008년부터 우리의 단군에 해당하는 훙왕을 민족의 시조로 정해 개천절을 만들었다. 그들의 건국신화는 산의 신 어우꺼와 바다의 신 락농꾸언으로 이루어진다. 약 3천 년 전 어우꺼와 락농꾸언이 만나 결혼을 해서 모두 100명의 자녀를 낳았는데 이들 중 50명은 산으로 보내고 50명은 바다로 보냈다. 그후 산으로 간 50명이 반랑국을 세웠는데 이것이 바로 베트남의 첫 국가라는 것. 반랑국은 첫 아들부터 차례로 왕이 됐는데 그가 바로 베트남의 시조인 훙왕이다.

베트남은 2008년 훙왕의 제삿날인 음력 3월 10일을 개천절로 정해 공휴일로 하고 하노이 북서쪽 50km에 위치한 푸토성의 훙왕 사당에서 제사를 지낸다.

그들은 예로부터 우리와 같은 농경 족으로 집단 촌락을 이루며 살아왔다. 그 과정에서 우리처럼 조상을 숭상하고 유불선을 믿으며 이웃을 사랑했다. 자연히 절기를 챙기고 중국 풍습을 답습했다. 우리처럼 설과 대보름, 단오, 추석 등이 있는 것을 보면 신기하다. 제사를 지낸 후 성묘를 하고 절을 찾아 조상의 명복을 비는 것도 다르지 않다. 제기차기, 연날리기, 달집태우기 등은 향수마저 느끼게 한다.

가장 재미있는 것은 술을 마실 때다. 그들도 우리처럼 음주 가무를 즐긴다. 처음 시작할 때는 조용한가 싶더니 술이 두어 잔 돌아가면 떠들썩해지고 몇 병이 비워지면 자리에서 일어나 사방을 돌아다니며 술을 권한다. 술이 취하면 네 것 내 것 없이 호탕해진다. 더운 지방 사람들은 독주를 잘 안 마시는데 이들은 40도 이상의 독주를 즐겨 마신다. 국민주인 넵머이(찹쌀술)의 알코올 도수는 40도가 넘는다. 명절에 세배를 가면 우리처럼 세뱃돈을 주고, 없는 살림에도 많은 음식을 차려 낸다. 생활 습관 외에도 그들은 우리와 닮은 점이 많다.

역사적으로도 베트남과 한국은 거의 같은 길을 걸어 왔다. 우리가 삼국과 고려 등 독립국가를 다소 일찍 가졌던 데 비해 베트남은 중국의 속국으로 지내오다 10세기에 이르러서야 자체 국가를 구성한다. 1000년에 걸친 중국 지배를 끝낸 것은 939년 응오 꾸엔이 세운 응오(ngo, 吳) 왕조였다. 응오 왕조는 중국의 남한군을 물리치고 비로소 베트남인에 의한 왕조를 세운다.

그러나 베트남이 제대로 된 자체 왕조를 세운 것은 1009년에 출범한 리(李) 왕조였다. 전기 레 왕조가 망하자 리타이또(이태조)는 1010년 하노이에 새 왕조를 세우고 불교를 장려하며 한국의 성균관 격인 문묘를 건립하는 등 제대로 된 왕조를 만든다.

베트남은 그러나 우리와 마찬가지로 이후에도 계속해서 중국에 조공을 바치고 문물을 교류하며 중국의 외곽 국가로서의 위치에서 벗어나지 못한다. 그 때문에 한자를 사용했고 한때는 우리의 이두와 비슷한 쯔놈 문자를 사용하기도 했다.

고유 언어를 가진 것은 한국이 좀 빨랐다. 한국은 세종대왕이 일찌감치 훈민정음을 만들어 사용했다. 이에 비해 베트남은 계속해서 한자와 쯔놈을 사용하다 17세기 들어서야 프랑스 선교사들이 그들에게 성경을 가르치기 위해 지금의 베트남어를 만들었다.

침략의 역사도 닮았다. 중국의 지배와 침략을 받았던 양국은 19세기와 20세기에 일본과 프랑스의 침략을 받았다. 한국은 20세기 초 36년간 일본의 침략을 받았고 베트남은 이보다 빠른 19세기 초부터 100년간 프랑스의 지배를 받았다.

분단의 아픔 역시 양국은 함께 맛보았다. 1945년 일본의 패배로 함께 독립을 한 우리와 베트남은 열강들에 의해 38도선과 17도선을 경계로 남북이 갈라졌다. 베트남은 호찌민이란 영웅이 있어 1975년 통일을 이루었지만 우리는 아직까지 분단을 극복하지 못하고 있다.

종교와 문화도 비슷하다. 양국은 모두 대부분의 문물을 중국에서 받아들였으며 그런 까닭에 각종 제도나 사회 풍습이 유사하다. 종교 역시 초기에는 특정한 동식물 또는 자연물을 숭상하는 토테미즘이나 자연계 모든 사물을 섬기는 애니미즘 형태를 보이다가 불교를 받아들였고 나중에는 유교와 도교의 영향을 받기도 했다.

학문 역시 한자문화를 지속하다가 마지막에 고유 언어를 사용했으나 양국 모두 지배 계층에서는 한자를 계속 사용했다. 우리는 아직도 한자를 버리지 않고 있지만 베트남은 건국 이후 완전히 폐지해 40대 이하에서는 한자를 전혀 알지 못한다.

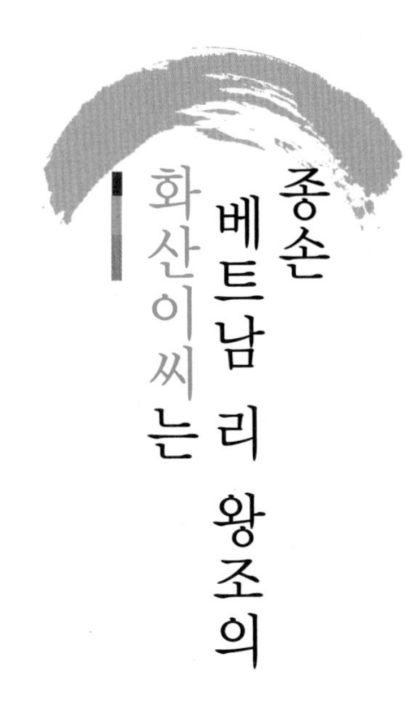

화산이씨는 베트남 리 왕조의 종손

해마다 음력 3월 15일이면 하노이에서 동쪽으로 30km 떨어진 박린성 딩방 지방에서는 베트남의 첫 왕조로 꼽히는 리(李) 왕조의 창설자인 리타이또(이태조)의 제례행사가 펼쳐진다.

베트남은 리 왕조 이전에도 응오 왕조, 레 왕조 등이 있었지만 실질적으로 베트남에 의해 만들어진 첫 왕조는 리 왕조라고 생각한다. 그 까닭에 베트남 정부는 해마다 리 왕조의 제사를 정부 차원에서 성대하게 치르고 화려한 거리행사까지 갖는다. 중요한 것은 이 행사의 주인공인 제주(祭主)가 한국인이라는 점이다.

베트남은 역사적으로 한 왕조가 망하면 그 후손들을 모두 죽여 후환을 없앴다. 이 때문에 베트남에는 왕조시대의 유물이 거의 없으며 왕조의 무덤조차 남아있는 것이 많지 않다. 중부 후에 지방에 왕조의 무덤과 성이 있기는 하나 정확하게 누구의 무덤인지는 확인되지 않고 있다. 리 왕조의 사위로 장인의 왕조를 무너뜨리고 뒤를 이은 쩐(陳) 왕조는 리 왕조의 후손들을 완전히 제거해 리 왕조는 역사속으로 묻히는 듯했다.

그러나 1990년 초반 한국과의 수교를 눈앞에 두고 있던 베트남 정부는 한국에 리 왕조의 후손들이 살고 있다는 사실을 알고 그 종손인 이창근 씨를 비롯한 화산 이씨 관계자들을 초청해 제대로 된 제사를 지내기로 했다. 리 태조가 살았던 박린성에 사당을 짓고 제사를 지내던 베트남 정부는 왕가의 시조를 찾았다며 이때부터 성대한 제례를 올리기 시작했다.

화산 이씨가 베트남의 시조가 된 역사는 리 태조가 망하기 직전 시작된다. 당시 왕의 숙부로 해군을 장악하고 있던 이용상 왕자는 리 왕조가 쩐 왕조에 망하자 멸족당할 것을 우려해 배를 타고 중국 망명길에 오른다. 그러나 가는 도중 풍랑을 만나 황해도 옹진군의 화산 땅에 정착하게 된다. 고려의 고종은 이용상에게 화산 이씨라는 성을 내리고 고려 여인과 결혼해 살게 한다. 이에 항상 고마운 마음을 갖고 있던 이용상은 몽골 해군이 고려를 침략하자 가지고 있던 배와 군사들을 모아 몽골군을 격파하는 공을 세움으로써 화산군 칭호까지 받게 된다. 그 후손들이 현재 북한에 수만 명이, 남한에는 1천~2천 명이 살고 있다고 한다.

리 왕조의 후손을 한국에서 찾은 베트남은 화산 이씨에게 베트남인에 준하는 자격을 부여하고 이들이 베트남에 살기를 원하면 교포에 해당하는 지원을 해주고 있다.

이용상 왕자의 26대 손이며 리 태조의 31대 종손인 이창근 씨는 이미 2009년 말 베트남에 정식으로 귀화를 요청해 베트남인으로 사업을 하고 있다. 또 골든브릿지 증권의 이상준 대표 역시 베트남인에 준하는 자격으로 베트남을 드나들며 금융업을 하고 있다.

『나는 라이따이한이 싫어요』

'라이따이한' 은 베트남전쟁이 낳은 신조어다. 이 신조어는 제1차 베트남 붐이 불기 시작한 1990년대 중반부터 본격적으로 거론되기 시작했다.

1992년 한국과 베트남이 정식으로 수교를 하고 1995년 미국과의 수교가 이뤄지면서 베트남에 경제개발 붐이 일어나자 우리나라에서도 기업인과 자선단체 등이 베트남을 찾기 시작했다. 이때 가장 먼저 내세운 것이 '라이따이한' 찾기였다.

이 단어는 혼혈아란 베트남 말의 '라이(lai)'와 우리말 '대한'이 베트남 식으로 합쳐진 이상한 말이다. 제대로 표현한다면 '라이한꾸억'이 돼야 한다.

각종 종교단체와 자선단체는 물론 우리 정부까지 나서서 경쟁적으로 시작한 라이따이한 돕기는 그러나 큰 효과를 거두지 못했다.

그 첫째 이유는 라이따이한에 대한 정확한 조사가 이뤄지지 않았기 때문이다. 어떤 단체는 이들의 수가 2만~3만 명에 이를 것이라고 하는가 하면 부산일보는 5천 명 정도라고 추정, 차이가 너무 컸다. 라이따이한에 대한 조사가 제대로 이뤄지지 못하는 주요 이유는 두 가지다.

먼저 베트남 정부가 자국 국민을 놓고 한국인과 연관 지으려는 것을 원치 않기 때문이다. 50여 개의 소수 민족으로 구성된 베트남 정부는 어떤 형태로든 다른 나라가 베트남 국민과 연관되는 것을 달가워하지 않는다.

다음으로는 과거야 어떻든 지금은 자식 낳고 잘살고 있는 당사자들이 혼혈아라는 사실이 드러나는 것을 원치 않기 때문이다. 김영삼 정부 시절 청와대 특보를 지낸 이충범 변호사는 베트남에서 정해복지재단을 운영하며 라이따이한들에게 기술교육을 했는데 정작 라이따이한은 몇 명 안 되고 베트남인들이 대부분이었다고 한다.

이 밖에 호찌민시에서 종교 활동을 하는 목사와 국내에 있는 한 변호사가 라이따이한과 국내 가족과의 연결을 시도했으나 이 역시 호응이 크지 않았다.

또한 국내에서는 라이따이한이란 말이 익숙하지만 베트남에서는 쉽게 들을 수 없는 말이다. 그런데도 국내에서 라이따이한이란 말이 계속 오르내리는 데는 다른 이유가 있기 때문이라는 얘기도 나온다. 일부 비정부단체와 종교단체, 법률단체들이 자신들의 실체를 대외적으로 알리기 위한 수단으로 이를 활용하고 있다는 것이다. 또 일부에서는 이를 이용해 외부의 지원을 받아내려 한다는 소문도 있다.

물론 이들 중에는 순수한 차원에서 어렵게 살고 있는 혼혈아와 한국의 부친을 연계해주려는 단체도 있지만 그들의 활동이 원하는 성과를 얻을지는 미지수라는 게 대체적인 의견이다.

최근에는 그때와는 다른 코비엣(ko-viet) 가족들이 늘고 있다. 1, 2차 베트남 붐을 타고 베트남을 찾은 한국의 기업인과 학생 등이 베트남에서 남긴 씨앗이 있는가 하면, 최근에는 한국으로 시집 온 베트남 여성들과 한국 남자 간의 다문화 가족들도 있다. 이들은 라이따이한과는 달리 정식으로 결혼을 했거나 동거를 한 경우가 대부분이고 양국 정부에서 여러 가지 지원 대책을 강구하고 있기 때문에 베트남 가정보다 대체로 생활 수준이 높다.

이들은 또 장기적으로 양국 관계를 진전시키고 양국 간 문화교류를 활성화하는 촉매 역할을 할 것으로 기대된다.

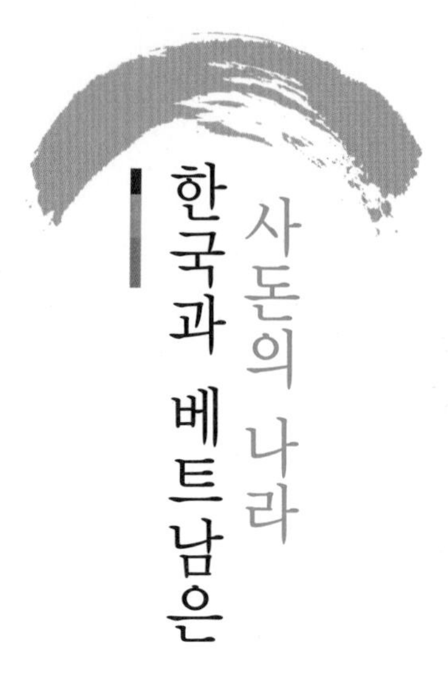

한국과 베트남은 사돈의 나라

한국과 베트남의 인연은 길고 질기다.

1960년대 베트남 전쟁으로 보릿고개를 넘긴 한국이 2000년대 들어서는 보은을 했다. 한국이 외국에 지원하는 원조자금 중 가장 큰 규모인 연간 1억 달러 이상이 베트남에 지원되며, 연간 투자액은 2007년 세계 투자국 순위에서 1위를 차지하기도 했다. 지금까지 베트남에 투자된 전체 투자액 순위에서도 한국은 총 투자액이 100억 달러를 넘어 일본에 이어 프랑스, 싱가포르 등과 2위 자리를 다투고 있다.

최근에 와서는 베트남이 한국을 돕고 있다. 근로자 파견과 한국 남성과의 국제결혼이다. 이 두 가지는 최근 들어 3D업종에서 일하겠다는 근로자가 줄어들고 농촌으로 시집가기를 원하는 여성들이 거의 없는 한국에서는 없어서는 안 될 중요한 요소다.

국내에서 인력을 구할 수 없어 외국 근로자를 영입할 수밖에 없는 중소기업들에는 보다 유능한 근로자를 구하는 일이 당면 과제가 됐다. 이런 상황에서 학력이 높고 근면한 베트남 근로자들은 우리 중소기업에 구세주나 마찬가지다. 한 해 1만 명에 이르는 베트남 인력들이 정부의 인력풀제에 따라 한국을 찾는다. 한국에 온 뒤 귀국하지 않는 불법 체류자들 때문에 관계기관이 애로를 겪기도 하지만, 2만~3만 명으로 추정되는 베트남 근로자들이 국내 중소기업을 이끌어 가는 주역임에는 틀림없다.

이에 못지않게 한국 가정에 희망을 안겨주는 것은 베트남 여성과의 국제결혼이다. 최근 부산에서 한국에 온 지 일주일 밖에 안 된 신부가 살해 당한 사건이 일어나 국제결혼 문제가 이슈가 되고 있지만 우리 사회에서 베트남 여성은 필수 요소가 된 듯하다. 국내 남성과 결혼한 외국인 여성 중 베트남 여성은 대략 3만 명 내외로, 조선족이 대부분인 중국에 이어 두 번째로 많은 수치다. 이들은 수적으로 뿐만 아니라 적응력과 선호도 면에서도 앞선다. 베트남 여성들은 생활력이 강하고 학력이 높으며 한국의 문화를 잘 이해해 남성들의 호응도가 높다. 특히 외모가 한국인과 큰 차이가 없어 자녀들이 학교에 가더라도 차별을 거의 받지 않는다는 점 때문에 인기가 좋다.

최근 베트남에는 한국어와 한국 문화를 가르치는 학교와 기관이 많아져 한국 남성과 결혼하는 여성들의 문화 충격을 줄여주고 국내 시·군·구에서도 이들을 위해 충분한 시설들을 만들어가고 있어 초기에 노출됐던 문제점들은 많이 줄어 들고 있다.

2009년 베트남을 방문한 이명박 대통령은 응웬 민 찌엣 주석과의 만찬에서 "이제 양국은 사돈 국가가 됐다"고 선언하기도 했다.

베트남 처녀결혼에 대한 환상

지금은 거의 없어졌지만 불과 몇 년 전만 해도 거리를 걷다보면 '베트남 처녀와의 결혼' '말 잘 듣는 베트남 처녀와의 결혼' 이라고 적힌 플래카드를 쉽게 볼 수 있었다. 그 글귀들에 얼굴이 화끈거릴 만큼 부끄럽고 민망했던 필자는 베트남에 있을 때나 한국에 있을 때나 기사나 강연을 통해 불법 플래카드를 수거해야 한다고 누누이 강조했다. 또 정부의 고위 인사들을 만날 때도 이를 강력히 요구했다.

이러한 노력이 어느 정도 결실을 본 때문인지 다행히 요즘은 저질스러운 플래카드는 많이 사라졌다. 그러나 아직도 잡지 광고나 인터넷 등에는 비슷한 광고 문구들이 버젓이 나돈다.

국내에는 이미 십여 년 전부터 혼자 살겠다는 여성들이 늘어나고 있고 시골 여성들조차도 농어촌으로는 시집가지 않겠다는 경우가 많아 농어촌 총각들은 결혼하기가 점점 더 어려워지고 있다. 이들에게 희망을 준 것이 바로 외국 여성과의 국제결혼이다. 또한 이를 이용한 것이 국제 결혼업체들이다. 비록 불법적인 부분이 있고 지나치게 영리를 위한다는 비난도 없지 않지만 이들의 중개로 농어촌 총각들은 평생의 소망이던 결혼을 하고 꿈에도 그리던 자녀들을 갖게 됐다. 이로 인해 저출산 문제도 어느 정도 만회할 수 있었다.

그러나 베트남 여성과의 결혼에는 심각한 부작용들이 나타나고 있다.

우선, 베트남 여성과의 결혼이 불법적으로 이루어지고 있다는 점이다. 베트남은 국제결혼이라 하더라도 남성과 여성의 정상적인 만남을 통한 결혼만을 인정한다. 즉, 베트남은 결혼중매업체를 인정하지 않는다. 더구나 국제 결혼중매업체가 돈을 받고 결혼을 주선하는 것은 인신매매 행위로 처벌을 받는다.

그럼에도 불구하고, 한국에서는 베트남 여성을 찾는 남성들이 많고 베트남에서는 한국 남성과 결혼하겠다는 여성이 많다 보니 이를 이용해 돈을 벌겠다는 업체들이 활개를 치는 것은 당연하다. 광고 등을 통해 베트남 여성과 결혼하겠다는 남성들을 모집한 뒤 같은 방법으로 베트남에서 모집한 여성들과 만나게 하는 것이다. 이러한 방식은 우리 측에서 보면 양측의 필요에 의해 이루어지는 불가피한 현상으로 보이지만 베트남 측에서는 위법 행위에 해당된다.

그러나 베트남 정부에서도 여기까지는 눈을 감아주고 있다. 문제는 결혼 중매를 하는 방법이다. 이들 업체가 중매를 알선할 때는 돈을 주고 받는 인신매매 형태를 보이고 있고 옛날 미국에서 노예를 사고팔듯이 여성들을 모아놓고 남성들로 하여금 고르게 한다는 데 있다. 결혼을 알선하는 업체들은 대부분 영세업체이거나 등록조차 되어있지 않은 개인이다.

이들은 한국에서 잡지, 전단지 등에 과장 광고를 실어 남성들을 모집한 뒤 관광형태로 베트남에 간다. 동시에 이들은 베트남에서도 현지 직원들을 통해 각 지방에서 비밀리에 여성들을 모아 미리 대기시켜 놓고 필요한 사전교육을 시킨다. 남성들이 베트남에 도착하면 미팅 장소로 안내되고 수많은 여성들 중 한 명을 고른다. 물론 마음에 드는 여성이 없을 수도 있다. 하지만 그렇게 되면 수백만 원을 들인 일정이 무위로 돌아가고 다시 오려면 또 수백만 원이 필요하기 때문에 대부분 그 중에서 가장 마음에 드는 여성을 고른다. 남성이 여성을 고르면 바로 결혼 준비를 하고 사진촬영을 한 뒤 1~2일 내에 신부의 집으로 가 현지 결혼을 한다. 그야말로 '번갯불에 콩 구워 먹기' 다.

결혼이 성사되면 남성은 수백만 원을 중매업체에 주고 이와는 별도로 처가에 결혼비용을 준다는 등의 명목으로 1천만 원 내외를 중매인에게 넘기기도 한다. 결국 이 남성은 1천만~2천만 원을 들여 베트남 여성을 아내로 맞게 되는 것이다. 여성 또한 중매 알선비와 하노이와 호찌민 등지에서의 체류비, 교육비, 화장품비 등으로 수백만 원 상당을 알선인에게 줘야 한다.

결혼이 성사됐다 하더라도 베트남 여성이 한국으로 오기 위해서는 여러 절차를 거쳐야 한다. 이 과정에서도 적잖은 추가 비용이 들어간다.

우선, 해당 시도에 결혼신고를 해야 하며 이를 위해서는 남성이 함께 사무소를 찾아야 한다. 또 해당 여성은 한국 측이 요구하는 건강검진과 비자를 받아야 하는데 이에 걸리는 시간과 서류도 만만치 않다. 대부분 시골에 사는 여성들은 이 과정에서도 상당액의 돈과 품을 들인 후, 몇 개월 만에야 겨우 한국행 비자를 손에 쥘 수 있다.

또 이들은 한국에서 필요한 교육을 받기 위해서도 많은 노력이 필요하다. 한국말을 배워야 하고 한국에서 부르는 친척들의 호칭도 알아야 하며 한국의 문화와 풍속 음식에 대해서도 배워야 한다.

이처럼 어렵게 한국을 찾은 베트남 신부들이 한국에서 '코리안 드림'을 이루지 못한 채 비극적인 결과를 맞는 것은 정말 불행한 일이다. 2007년과 2008년, 응웬 후잉 마잉 씨와 쩐 타잉 란 씨가 남편들의 폭력으로 사망한 사건은 양국 관계에 큰 위기를 가져왔다. 천안에 살던 마이 씨는 남편에게 살해됐고 대구의 란 씨는 자신의 아파트에서 뛰어내려 자살했다. 당시 우리 정부는 재방 방지를 베트남 정부에 약속했었다. 그러나 2년이 지난 2010년 7월 8일 부산에서는 시집온 지 일주일 밖에 안 된 탓 티 황 응옥 씨가 정신질환자인 남편에게 살해됐다.

그동안 불법 결혼중매와 인신매매식 결혼방식에 대해 시급히 개선하겠다는 우리 정부의 발표가 전혀 실행되지 않고 있음을 보여준 실례다. 이는 물질만 앞세우고 정신적으로 성숙하지 못한 우리의 현실을 보여주는 것 같아 안타깝다. 우리 국민과 지도자들은 베트남 신부들이 외국인이 아니라 우리의 아내이자 며느리, 미래 우리의 어머니라는 점을 깊이 인식하고 이러한 비극이 다시는 일어나지 않도록 특단의 대책을 세워야 할 것이다.

응웬 티 응옥 훼씨의 결혼 이야기

응웬 티 응옥 훼(25)씨는 2007년 한국 남성과 결혼해 아들 하나를 낳고 대구에서 살고 있다.

베트남 남부 끼엔 장성의 시골마을에서 부모와 다섯 형제자매와 함께 살았던 훼 씨는 옷을 만들어 파는 일로 가족을 도왔으나 형편이 어려워지자 한국행을 결심했다. 소문을 통해 들은 한국인과의 결혼을 위해 그동안 모아 놓은 돈을 들고 알선업체를 찾았다. 고등학교를 나오고 얼굴도 예쁜 훼 씨는 알선업체로부터 환영을 받았으나 조건이 좋은 한국인과 결혼하기 위해서는 호찌민에 나가 교육을 받고 합숙을 해야 한다는 말을 듣고는 망설일 수밖에 없었다. 그 비용이 일곱 식구가 몇 달 동안 먹고 살 수 있는 돈인 1천 달러나 됐기 때문이다.

그러나 신랑만 잘 만나면 몇 천 달러를 받을 수 있다는 중매인의 말에 친척들로부터 빚을 얻어 호찌민에 가기로 했다. 훼 씨가 도착한 호찌민 시내 모처에는 이미 수십 명의 여성들이 합숙을 하고 있었다. 어떤 여성은 6개월째 선택이 되지 않아 이미 쓴 돈만 해도 수천 달러라고 했다.

이 여성 말로는 중매인에게 뇌물을 주고 잘 보이면 선택이 잘 되지만 잘못 보이면 아무리 조건이 좋아도 선택이 안 된다고 했다. 할 수 없이 훼 씨도 알선인에게 100달러를 주고 조건 좋은 남성을 만나게 해 달라고 부탁했다. 조건이 좋아선지 합숙소에 들어간 지 일주일 만에 한 남성에게 '낙점된' 훼 씨는 이튿날 결혼합의서에 서명하고 결혼 사진을 찍었다. 그리고 바로 시골 부모님에게 통보하고 결혼식 준비를 하도록 부탁했다.

상대가 정해지면 합숙소에서 나가야 하기 때문에 이날부터 동침을 시작한 훼 씨와 한국 남성은 만난 지 사흘 만에 시골로 내려가 결혼식을 올렸다. 닭 몇 마리 잡고 치른 초라한 결혼식이었다. 훼 씨는 나중에 성대한 결혼식을 치르리라 마음먹었다.

신랑은 한국으로 돌아가고 훼 씨는 한국에 갈 채비를 서둘렀다. 그러나 문제는 돈이었다. 신랑이 알선인에게 주었다는 돈은 훼 씨에게 돌아오지 않았다. 알선인을 찾아가 항의해 보았지만 일주일 만에 결혼을 성사시켜 주었는데 감사는 못할망정 뭘 더 바라느냐는 핀잔만 받았다. 한국에 가면 잘살 텐데 고마운 줄이나 알라고 했다.

신랑은 나이가 다소 많은 40세지만 초혼이고 대구에서 식당을 하며 잘산다고 했다. 가족 관계 등은 말이 통하지 않아 더 물어 볼 수 없었

다. 훼 씨는 돈이 없었지만 그래도 한국에 가서 잘살기 위해 형제들로부터 지원을 받아 한국말을 배우고 책을 구해서 한국에 대해 배우기 시작했다.

다행히 중간에 신랑이 베트남을 방문해 약간의 돈을 주고 갔기 때문에

결혼 확인서와 비자를 받기 위해 호찌민을 드나드는 비용과 서울행 항공권 비용은 충당할 수 있었다. 영어나 한국어를 모르는 훼 씨로서는 서류를 만드는 데 적잖은 비용이 들었고 시골에서 비자나 여권을 내기 위해 호찌민을 드나드는 데 드는 돈도 장난이 아니었다. 몇 번이나 포기하고 싶었지만 자주 전화를 해 오는 신랑을 생각해서 어려움 끝에 한국행 비자를 얻었다.

결혼식을 올린 지 무려 8개월 만이었다. 돈이 없는 사람들은 1~2년도 걸린다고 하니 훼 씨로서는 그나마 다행인 셈이었다. 드라마에서나 보았던 인천공항에 도착해 남편을 만났고 곧바로 버스를 타고 간 남편의 집은 대구시 외곽에 있는 작은 전셋집이었다. 방 두 개에 한 방은 노모가 살고 큰방은 부부가 살게 됐다. 좁은 집에는 이미 친척들이 몰려와 있었다.

이튿날 예식장에서 결혼식을 올리고 결혼 생활이 시작됐다. 남편은 알고 보니 식당을 운영하는 게 아니라 식당에서 일을 하고 있었다. 그러나 한국에서의 생활은 베트남에서의 생활에 비할 바가 아니었고 남편도 그런 대로 잘해줘 훼 씨는 대체로 만족했다.

그러나 곧 문제가 생겼다. 노모와 둘이 집에 있을 때가 많은데 도통 대화를 할 수 없었다. 한국말을 몇 달 배우긴 했지만 노모의 경상도 사투리는 도저히 알아들을 수 없었다. 또 시누이들이 가끔 와서 한국음식 만드는 법을 알려주고 갔으나 잘 되지 않아 시켜 먹었더니 노모의 불만이 이만저만이 아니었다.

한 달쯤 지났을 때 또 문제가 생겼다. 국제 전화요금이 10만원 넘게 나온 것을 본 노모가 깜짝 놀라 남편을 나무랐고, 남편으로부터 국제 전화를 하지 말라는 경고를 받았다. 모르는 게 있을 때나, 고향 생각이 날 때, 우두커니 혼자 집에 있을 때 부모님이나 자매들에게 전화를 거는 게 유일한 낙이었던 훼 씨에게 이 경고는 청천벽력이나 마찬가지였다.

눈물로 지내던 훼 씨는 남편 몰래, 인근에 알고 지내던 베트남인에게 부탁해 휴대전화를 구입했다. 부모님은 훼의 결혼 때문에 진 빚을 갚아야하니 돈 좀 부쳐달라고 했다. 그동안 몇 차례나 남편에게 용돈을 달라고 졸랐으나 집에 있으면서 무슨 돈이 필요하냐며 거절당했다. 결국 훼 씨는 일을 해야겠다고 마음먹고 남편에게 얘기했다. 자주 연락하는 사람을 통해 일자리도 알아봤다. 그러나 이 역시 거절당했다. 오히려 남편은 아내의 마음이 변한 게 아닌가 의심하기 시작했다. 훼 씨는 더 이상 방법이 없다면 도망가서 회사를 다닐까 하는 생각도 했다. 한국에 오래 살고 있는 베트남 사람으로부터 요식업소에 근무하면 많은 돈을 벌 수 있고 부모님께도 넉넉히 돈을 보낼 수 있다는 말을 들었기 때문이다.

그러던 중 훼 씨는 임신을 했다. 임신을 하자 그녀를 대하는 주위의 시선이 갑자기 바뀌었다. 노모의 태도가 갑자기 다정해졌고 남편 역시 그녀를 여왕 모시 듯했다. 이유는 남편이 그 집안의 3대독자였던 것. 자칫 대가 끊길 위기에 임신을 했으니 노모와 남편의 대우가 달라지는 것은 당연했다. 훼 씨는 이후 아들을 낳았고 집안에서의 위치가 탄탄해졌다. 남편도 일만 끝나면 일찍 집에 들어와 아들을 챙겼고 일도 열심히 해서 돈도 많이 벌었다. 여유가 생기니 훼 씨에게 생활비도 넉넉히 주었고 베트남에 있는 처가도 챙기기 시작했다. 작년에는 결혼 2년여 만에 아들을 안고 베트남에 다녀왔다.

훼 씨는 "나는 매우 운이 좋은 경우"라고 말했다. 결혼한 많은 여성들이 그녀와는 달리 지금도 언어의 불소통과 문화적 차이로 고통을 받는다고 했다.

제5부

한국 따라하기 베트남의

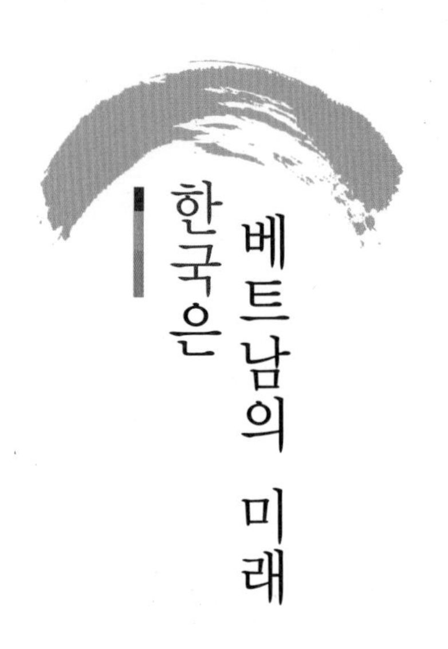

베트남의 미래 한국은

전 주한 베트남대사 팜 띠엔 번

베트남의 경제 발전은 1986년 제6차 전당대회에서 채택된 도이 머이(개혁) 운동으로 시작됐다. 도이 머이 운동은 시장경제 채택 등 다섯 가지 행동지침이 있지만, 한마디로 요약하면 지금까지의 사회주의식 경제체제를 포기하고 자본주의 경제를 받아들인다는 것이다.

이 과정에서 베트남은 또 하나의 고민을 해야 했다. 자본주의 경제 모델에도 여러 나라의 형태가 있는데 어느 나라의 모델을 받아들일까

하는 것이다. 그 모델로는 먼저 베트남과 여러 가지 여건이 비슷하되 베트남보다 훨씬 앞선 경제 형태여야 하고 베트남이 따라할 만한 나라여야 했다. 더욱이 가장 중요한 것은 가난한 상황에서 급속한 발전을 이룬 국가의 모델을 택해야 했다. 베트남이 후보로 꼽은 국가는 지리적 · 문화적으로 가까운 동아시아 국가였고 한국, 중국, 일본, 대만이 대상이었다.

심사숙고 끝에 한국이 베트남이 따라해야 할 발전 모델로 선정됐다. 일본 경제는 베트남이 따라가기에는 너무 앞서 있어 현실성이 떨어졌고 중국은 아직 발전 여부가 불투명한데다 한국을 따라하는 상황이었기 때문이다. 대만은 지역적인 한계가 있었다. 반면 한국은 역사와 문화가 같고 세계적으로 가장 급속한 발전을 이룬 나라라는 점에서 가장 높은 점수를 받았다. 한국은 베트남처럼 전쟁을 겪은 후 불모지에서 국민들의 단결과 노력으로 엄청난 성과를 거뒀다는 점이 큰 매력으로 꼽혔다.

목표가 정해지자 베트남은 한국과의 접촉을 시작했다. 역사적으로 따지면 한국은 남부 월남에 미국 다음으로 많은 군대를 파견해 월맹과 직접 전투를 한 국가였다. 그런 이유로 1980년대 말까지만 해도 한국은 베트남과 외교관계가 없었다. 그러나 실용주의 노선인 도이 머이를 표방한 베트남에 그것은 장애가 되지 않았다.

이 같은 방침이 정해지자 1989년 한국에 주무 장관들을 보내 경제발전 모델을 배우기 시작했다. 1989년 2월 처음으로 뚜언 경공업 장관이 한국을 방문했고 1991년 4월 훗날 총리가 된 판 반 카이 부총리 겸 국가계획위원회 위원장이 전문가팀을 이끌고 한국을 찾아 새마을 운동을 포함한 한국 경제의 모든 것을 배웠다. 이어 양국 간 수교가 이루어진 1992년에는 쩐 럼 중공업 장관이 같은 해 두 번이나 한국을 방문해 관심을 보였고, 1993년 보 반 끼엣 총리가 방한하더니, 1995년에는 마침내 도이 머이의 주인공이자 베트남 최고지도자인 도 무어이 공산당 서기장이 한국을 찾기에 이르렀다. 1992년 12월 정식 수교를 한 양국은 경제뿐만 아니라 정치 · 사회 · 문화 등 모든 분야에서 급속한 협력을 시도했고 2001년 쩐 득 렁 주석이 한국을 방문한 이후에는 포괄적 동반자 관계로 진전됐으며 2009년 이명박 대통령의 베트남 방문에서는 전략적 동반자 관계로 발전했다.

베트남은 한국 경제발전의 원동력이었던 새마을 운동을 배우기 위해 많은 지도자들을 한국에 파견했고 한국은 드라마를 중심으로 한 한류를 베트남에 수출해 양국 관계를 급진전시켰다. 이 두 요소는 최근 베트남 경제의 급속적인 발전과 한국의 베트남 투자 증진에 결정적인 역할을 했다. 한국의 기술과 자금이 베트남의 풍부하고 잘 훈련된 노동력과 조화를 이뤄 양국 간 윈윈 전략은 엄청난 시너지 효과를 발휘하고 있다.

현재 베트남에는 우리 교민 7만여 명이 살고 있고, 1천여 개의 기업들이 20여만 명의 근로자들에게 고용을 제공하고 있다. 또 한류를 통해 전달된 한국의 대중문화는 베트남 청소년들에게 없어서는 안 되는 놀거리와 화제가 됐으며 주부들에게는 한국 드라마와 영화가 삶의 활력소가 되고 있다. 하노이와 호찌민 거리에는 한국광고가 넘쳐나며 삼성, LG의 TV와 휴대전화는 필수품이 됐고 김치는 각종 슈퍼마켓에서 없어서는 안 되는 상품이 됐다. 가족들의 외식이나 직장 회식에서 한국음식점은 최고의 장소로 꼽히고 있다.

한국에서도 베트남의 자취는 쉽게 찾아볼 수 있다. 해마다 1만여 명의 근로자와 2만여 명의 여성 결혼자가 한국을 찾고 있다. 국내에 거주하는 베트남인만 해도 불법체류자를 포함해 10만여 명에 달하고 서울에만 베트남 음식점이 수백 개에 이른다. 베트남 쌀국수는 한국 여성들에게 다이어트 음식으로 지속적인 인기를 누리고 있고, 베트남산 농·수산물을 먹고, 커피 또한 베트남산이 국내 소비량의 상당부분을 차지한다.

특히 농어촌에 사는 한국 남성들에게 베트남 여성은 결혼 상대 1순위로 인기를 얻고 있으며, 농어촌 초등학교에서는 한국 남성과 베트남 여성의 자녀들이 가장 적응을 잘하는 다문화 가정 어린이로 꼽힌다.

이처럼 베트남과 한국은 이제 떼려야 뗄 수 없는 '사돈 국가'로 성장해 시너지 효과를 만끽하고 있다. 한국은 2007년 베트남 투자국 순위 1위를 차지했고 원조액에서도 프랑스를 제치고 일본에 이어 2위에 올랐다. 한국의 대외 원조액에서는 베트남이 전 세계 국가 중에서 1위를 차지, 베트남에 대한 한국의 관심을 잘 보여준다.

『우리에게도 박정희가 필요해』

언젠가 한국어를 배우는 한 대학생이 술자리에서 혼잣말처럼 내뱉은 한마디가 아직도 생생하다. 필자가 하노이에서 처음 특파원 임기를 수행하던 2001년이나 2002년일 것이다.

당시 베트남은 국민소득이 500달러 내외였고 시중에는 물자가 모자라 돈이 있어도 좋은 물건을 살 수 없는 상황이었다. 먹을 것이 없어서 굶는 빈곤인구가 15%를 넘는 때였다. 이 학생은 한국의 역사를 배우면서 한국의 급속한 경제발전에 관심을 갖게 됐고 박정희 대통령을 존경하게 됐다고 했다.

"베트남도 이제 경제에 관심이 높아져 머지않아 한국을 따라가게 될 것"이라고 말하는 내게 그는 고개를 저었다. "물론 우리 베트남도 힘든 상황에서 발전을 해 가고는 있지만 지금과 같은 방법으로는 수십 년이 지나도 한국을 따라가기 어려울 거예요. 특히 의사결정이 느리고 누구도 책임지기를 싫어하는 현재와 같은 집단지도체제에서는 급속한 발전을 기대하기 어려우며 만연된 공무원들의 부정부패는 발전을 저해하는 악마 같은 요소예요"라고 지적했다. 그는 그러면서 "베트남에서도 박정희와 같은 카리스마 있는 지도자가 나와 부정부패를 뿌리 뽑고 급속한 경제발전을 이루어야 한다"고 힘주어 말했다.

베트남은 도이 머이 이후 한국을 발전 모델로 정하고 새마을 운동을 배우겠다고 나섰다. 이를 위해 지도자들을 차례로 한국에 파견했고 때로는 한국의 지도자들을 초청해 직접 현장에서 지도를 받기도 했다. 국내 새마을 운동 단체들도 앞 다투어 베트남을 방문해 우리의 앞선 개혁운동을 전달했다. 그러나 이 과정에서 문제가 있었다.

한국을 오가며 많은 인사들이 새마을 운동을 배웠으나 이 운동의 2대 요소 중 정신적인 면은 빼고 물질적인 면만 배웠던 것. 새마을 운동은 한마디로 '잘살아 보세' 라는 캐치프레이즈 아래 정신적인 면에서 부정부패를 일소하고 물질적인 면에서 부를 이루겠다는 것이다.

이 두 가지 요소는 유기적이어서 하나만을 이룰 수는 없는 문제였다. 우리는 박정희 대통령의 리더십과 군사력으로 두 가지를 손쉽게 조화시켜 이룰 수 있었지만 베트남은 달랐다. 1975년 통일 이후 공산당이 통치 이념으로 삼아온 사회주의 이념을 새마을운동과 조화시키기가 쉽지 않았기 때문이다.

따라서 그들의 새마을 운동은 마을 주위를 청소하고 새로운 다수확 농작물을 키우는 등 물질적인 부분에 그쳐야 했다. 우리가 새마을운동

중앙본부 등을 만들어 초등학생부터 노인까지 재건체조를 하고 새마을 노래를 부르는 등 전국적인 캠페인을 펼친 것과는 큰 차이가 있었다.

그렇다고 베트남의 새마을 운동이 전혀 성과가 없었던 것은 아니다. 필자가 2006년 2월 두 번째 특파원 임기를 수행하기 위해 베트남을 찾았을 때 3년 전과 눈에 띄게 달라진 점이 하나 있었다. 바로 농촌 들녘에 있는 소였다. 2003년 초까지만 해도 회색의 물소들이 대부분이었는데 그 물소들은 감쪽같이 사라지고 누렁소들만 보였다. 누렁소들은 모두 한국이 보내준 암소은행을 통해 보급된 것이라고 했다.

한국의 자선단체들은 2000년부터 하노이 인근 하떠이성(2008년 하노이시로 편입)과 빙푹성, 푸토성 등에 식용으로 쓸 수 있는 누렁소를 공급하기 시작했다. 태국이나 인근 국가로부터 누렁소를 들여와 농가에 무상으로 분양한 뒤 새끼를 낳으면 새끼만 갖고 어미소는 반납하는 방식이었다. 이렇게 해서 각 농가로 퍼져나가기 시작한 누렁소가 지금은 베트남 각 가정의 큰 소득원이 됐다.

암소은행은 한국이 베트남에서 펼친 농가소득 증진운동의 가장 성공한 사례 중의 하나였다.

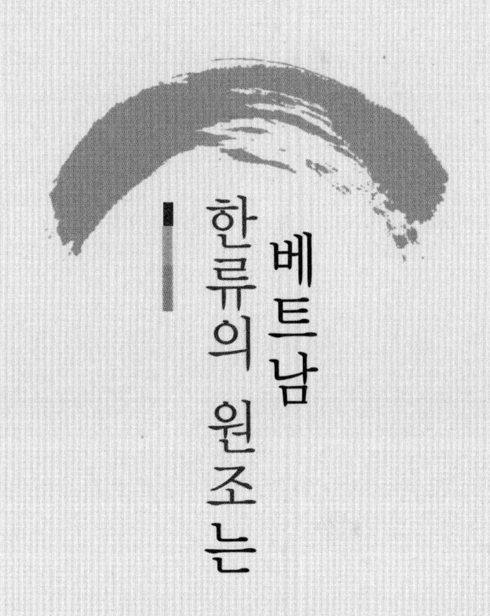

베트남 한류의 원조는

한국문화의 전도사가 된 한류(韓流)는 처음 베트남에서 출발했다고 한다.

1997년 한국 드라마 '느낌'과 '금잔화'가 호찌민TV에 첫 방영됨으로써 한국 드라마가 베트남에 소개됐고 이듬해인 '내사랑 유미'와 '의가형제' '아들과 딸들'이 잇따라 방영되면서 한국 드라마 열풍이 시작됐다고 한다. 이전까지, 베트남TV는 자체적으로 드라마를 제작할 능력이 없어 대만TV의 드라마를 방영했으나 큰 인기를 끌지 못했었다.

그러던 베트남인들에게 한국 드라마는 새로운 삶의 의욕을 불어넣었

다. 한국 드라마 속의 상황은 그들의 미래였고 드라마에 비친 한국인들의 모습은 그들의 희망이었다. 서울의 모습은 그들이 살고자 하는 바로 그곳이었다. 1960~1970년대 우리가 그랬듯이, 마을 어귀 가겟집에 있는 유일한 12인치 흑백 TV앞에 주민들이 둘러 앉아 한국 드라마를 시청했다. 한 사람의 변사가 모든 출연자의 말을 베트남어로 더빙해서 옮기는 어설픈 것이었지만 그들은 드라마와 함께 울고 웃으며 한국의 문물을 익혔다.

1997년부터 1999년까지 14편에 불과했던 한국 드라마는 2000년 이후 물밀듯이 들어와 '모래시계' '가을동화' '겨울연가' '풀하우스' '대장금' 등이 잇따라 베트남 가정을 방문했다. 이때 등장한 것이 한류 스타. 장동건과 김남주가 그 효시였다. '모델' '의가형제' 등을 통해 소개된 장동건과 김남주는 2000년대 초 베트남의 광고시장을 휩쓸었다. 연말 달력시장에서는 김남주와 장동건을 잡는 것이 필수였다.

처음 호찌민을 방문했던 2000년대 초 유명한 카라벨 호텔의 프런트 데스크 직원들이 필자의 여권을 보더니 갑자기 "양동건을 아느냐"고 물었다. "잘 모른다"고 했더니 한국 사람이면서 그를 모른다는 게 말이 되느냐는 표정을 지었다. 미안한 마음이 들어 "이름은 들어봤지만 잘은 모른다"고 어색한 분위기를 넘겼다. 뒤에 알았지만 그들이 말한 '양동건'은 '장동건'이었다. (베트남 남부지방에서는 알파벳 J 발음을 독일어처럼 Y로 발음한다.) 이후 한류 스타는 '가을동화'의 송혜교, '겨울연가'의 최지우, '풀하우스'의 정지훈, '대장금'의 이영애로 이어졌다.

필자에게는 한국드라마로 인해 중요한 취재 약속이 깨진 아픔이 있다. 2001년쯤으로 기억된다. 한국대사관의 도움까지 얻어 어렵게 베트남의 경제부처 차관과 부부동반 저녁 약속을 잡았다. 인터뷰를 겸한 약속이어서 필자에게는 아주 중요했다. 그러나 약속 바로 전날 차관으로부터 "미안한데 내일 저녁 약속을 다른 날로 바꾸는 게 어떠냐"는 전화가 걸려왔다. 어렵게 잡은 약속이어서 아쉬운 마음에 무슨 일이 있느냐고 물었더니 대답이 걸작이었다. 이날 아침 부인에게 약속 얘기를 했더니 내일 저녁에는 한국 드라마 '가을동화'가 방영되는 날이어서 외식을 할 수 없다고 하더라는 것. 약속이 미뤄져 아쉽기는 했지만 이유를 듣고 나니 기분이 그리 나쁘지는 않았다.

그 당시 '가을동화'나 '겨울연가'가 방영되는 저녁 시간이면 베트남의 거리는 일찌감치 조용해지고는 했다. 이들은 드라마 속으로 빨려 들어가 자신이 마치 주인공이라도 된 양 기뻐서 손뼉을 치거나, 한숨을 쉬기도 하고, 때로는 안타까워 눈물을 보이기도 했다.

한번은 한국대사관에 근무하는 베트남 직원이 드라마 '토마토'에서 악역을 맡은 한국 여배우의 홈페이지를 알 수 없느냐고 물어왔다. 왜 그러냐고 물었더니, 이 여배우가 극중에서 여자 주인공을 너무 괴롭힌다는 것이었다. 여주인공은 김희선, 악역은 김지영이었던 것으로 기억된다. "그것은 단지 드라마일 뿐"이라고 했더니, 그는 아무리 드라마라도 너무하다고 했다. 필자는 어이가 없다기보다 그들의 순수함과 한국 드라마에 푹 빠진 사랑에 한국인으로서 자부심이 느껴졌다.

이 같은 드라마 열풍은 영화로도 이어졌다. 전지현의 '엽기적인 그녀'는 15만 관객동원 기록을 세우기도 했다. 이어 한류는 대중가요와 공연으로 확산됐다. 장동건과 안재욱, 이영애 등의 대형 공연에 이어 아이돌까지 베트남 무대에 섰다. 소녀시대, 수퍼주니어, 동방신기, 빅뱅 등은 한국에서만이 아니라 베트남에서도 스타였다.

2009년 소녀시대의 베트남 방문에는 1천여 명의 팬들이 공항으로 몰려와 삼엄한 경비가 펼쳐지기도 했다. 베트남 중고생들에게 한국 아이돌의 사진 한 장쯤은 필수품이 됐고 수퍼주니어의 이름이 들어간 가방과 연필, 필통은 없어서 못 팔 정도다.

한류는 한국 상품의 베트남 진출에 큰 몫을 했다. 2000년대 초 한국의 화장품은 베트남의 청소년들이 연인에게 주는 선물 1호였다. 한국의 스타들이 쓰는 립스틱은 곧 청소년들의 립스틱이었다. 1990년대 후반 베트남에 진출한 코리아나 화장품은 베트남 내 최대 매장을 보유하고 있고 지금도 가장 인기 있는 화장품 중의 하나로 꼽힌다. 화장품뿐만 아니라 옷과 액세서리, 음식까지 한류의 폭은 점차 확대되고 있다.

최근에는 '한국상품=고급품' 이라는 등식까지 생겨났다. 한국이 파는 상품과 한국이 짓는 아파트, 한국이 운영하는 금융기관까지 일본 제품을 능가하는 인기를 누리고 있다.

이에 반해 중국 제품은 아직까지 '저가의 불량 제품' 이라는 이미지를 벗지 못하고 있다. 그러나 최근 들어 중국 상품과 드라마가 늘어나면서 머지않아 중국도 한국과 같은 효과를 얻을 것으로 보인다.

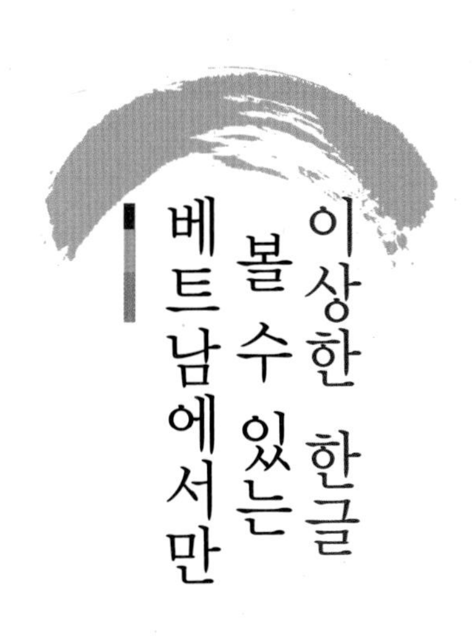

베트남에서만 볼 수 있는 이상한 한글

아마도 한국 자동차가 가장 많이 운행되고 있는 외국은 베트남이 아닐까?

베트남에는 1990년대부터 한국의 중고 버스와 트럭, 승용차가 수입되기 시작했고 1990년대 말에는 마침내 대우자동차가 하노이에 조립공장을 건설해 생산을 시작했다. 지금은 GM대우로 이름을 바꾼 비담코(베트남대우자동차)는 이곳에서 국내에서 생산되는 각종 자동차를 생산, 판매해 왔다.

베트남의 소형 택시는 대부분 기아의 모닝과 대우의 마티스다. 그 뿐이 아니다. 쌍용자동차의 체어맨은 각국 대사를 비롯한 VIP용으로 수입됐고 버스와 트럭은 물밀듯이 수입돼 팔려 나갔다. 최근에는 베트남에도 젊은 층의 마이카 붐이 불면서 한국의 산타페가 인기를 누리고 있다. 시내를 돌아보면 한국산 중고 버스와 트럭이 도로를 점령하고 있다. 정확한 통계는 모르지만 아마도 버스와 트럭 중 80% 이상이 한국산이 아닌가 싶다. 재미있는 것은 시내버스와 시외버스에 쓰인 글들이다. 그들은 한국에서 중고차를 수입할 때 차에 쓰여 있는 한글을 절대 지우지 않는다. 한국 차라는 것을 자랑하기 위해서라고 한다. 그래서 버스에는 '000교회' '000유치원' 등의 글씨는 물론이고 한국의 시내버스에 표기된 서울역, 오류동, 역곡 등이 그대로 남아있다. '자동문' 이란 표시도 그대로다.

한번은 한국의 경남여객에서 시외버스로 사용하던 버스가 그곳에서도 시외버스로 그대로 사용되는 것을 보았다. 그런데 이상한 점은 '경남여객' 의 '남' 자가 뒤집어져 있었다. 현지인에게 이유를 물으니 대답이 재밌었다. 운행 중 사고가 나서 '경남여객' 이라는 글씨가 지워졌단다. 그런데 차량 주인이 외제차라는 것을 자랑하기 위해 다시 글씨를 써넣는 과정에서 한글을 잘 몰라 실수를 한 것이란다. 이런 예는 베트남 시내에서 심심찮게 볼 수 있다. 한국에 대한 그들의 관심을 쉽게 엿볼 수 있는 사례들이다. 이는 비단 차량뿐만이 아니다.

한국산 보약은 베트남인들에게는 가장 귀한 선물로 꼽힌다. 인삼은 이

제 그리 귀한 선물이 아니고 한국산 홍삼과 영지버섯이 그 자리를 차지한다. 이 밖에 한국산 가죽점퍼와 양복 등은 베트남의 고위층에서나 주고받는 최고급 선물이 됐다. 이를 위해 아예 한국을 여행하는 사람들도 있다.

불과 4~5년 전만 해도 한국을 여행하는 사람은 사업가들에 불과했으나 지금은 여행을 위해 한국을 찾는 사람들이 더 많다. 매달 평균 한국을 찾는 관광객이 수천 명에 이르고 그들을 안전하게 여행시키기 위해 베트남에 진출한 한국 여행사도 수십 개나 된다. 이들은 한국을 여행할 때 언제나 수십 개의 쪽지를 고이 간직하고 다닌다. 남대문이나 동대문 시장을 찾을 때 펼치는 이들의 쪽지는 바로 직장이나 친구, 친척들이 부탁한 선물 목록이다. 적게는 5~6개에서 많게는 수십 개에 이르는 선물을 잘 사는 것이 바로 이들이 한국을 찾는 주목적이다.

한국에 여행 온 한 베트남 사람에게 어땠느냐고 물었더니 관광만 하고 물건을 살 시간이 적어 불만스럽다며 이렇게 털어 놓았다.

“홍삼과 김치를 비롯해 옷과 신발, 휴대전화 등을 사려면 적어도 이틀은 필요한데 여행사에서 한나절 밖에 시간을 주지 않아요…”라고.

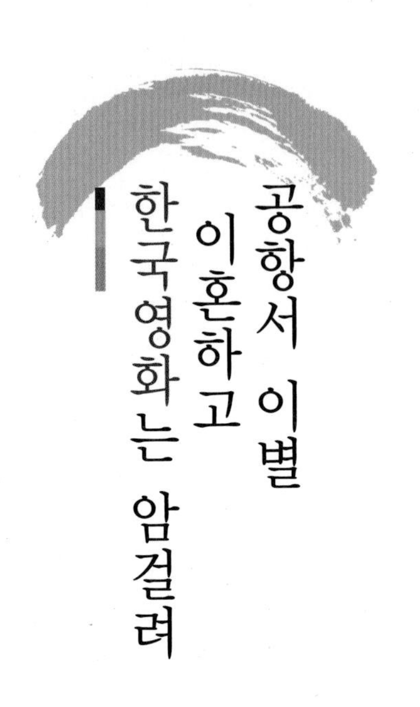

공항서 이별 이혼하고 한국영화는 암걸려

2006년 베트남의 유력신문인 탱니엔(靑年)은 사설을 통해 한국 드라마와 영화가 천편일률적이고 청소년들에게 악영향을 준다고 지적했다. 또 베트남 영상윤리위원회는 한국 드라마와 영화에 대해 검열을 강화하겠다고 발표하기도 했다.

이러한 지적의 발단은 한국 영화 '엽기적인 그녀' 로부터 시작됐다. 주인공 전지현이 남자 배우에게 기상천외한 행동을 보이는 코믹한 영화인 엽기적인 그녀는 당시 베트남에서 15만 명의 관객을 동원한 베스트 중의 베스트였다. 그러나 청소년들의 이러한 반응과는 달리 이 영화를 둘러싼 베트남 지식인들의 시선은 곱지 않았다.

특히 언론은 사설에서 이 영화에서 보인 폭력성과 모범적이지 않은 대사 등을 지적하며 이러한 영화가 계속 들어 올 경우 베트남 청소년들의 정서를 해칠 가능성이 있다며 한국 영화에 대한 방영 기준을 강화해

야 한다고 주장했다. 사설은 또 한국 드라마와 영화가 대부분 판에 박은 듯 스토리가 비슷하다고 지적했다. 한국 드라마는 부모의 이혼 등으로 어렵게 산 남녀가 우연히 만나 사랑을 나누다가 어느 한쪽이 암에 걸리고 결국은 한쪽이 미국으로 가게 돼 공항에서 이별을 한다는 식이라는 것. 또 최근에는 대부분의 영화가 욕설과 폭력으로 도배를 하고 있다는 지적도 나왔다.

필자 역시 드라마나 영화를 많이 보는 편은 아니지만 그들의 지적에 공감할 수밖에 없었다. 왜 한국 영화나 드라마는 천편일률적인 구성과 스토리로 전개될까? '전원일기' '대추나무 사랑 걸렸네' 등의 농촌 드라마는 왜 수입되지 않는 걸까? 하는 의문이 들었다. 이런 필자의 의구심에 한 관계자는 한국 영화나 드라마 수입도 장사이기 때문에 흥행이

가능한 작품을 수입할 수밖에 없다고 말했다.

'엽기적인 그녀'와 관련해서 필자는 네티즌들로부터 공격을 받은 적이 있다. 베트남 언론에 나온 사설과 베트남 문화정보부의 인터뷰 내용 등을 소개하고, 한국을 잘 알리고 교육성이 높은 드라마나 영화를 베트남에 보냈으면 좋겠다는 교민들의 코멘트도 달아서 기사를 내보냈다. 그러나 이 기사로 인해 이튿날 수백 통의 '편치 않은' 메일을 받아야 했다.

"영화를 제대로 알고 봤느냐" "예술을 알고 기사를 쓰느냐"는 지적까지는 참을 만했다. 다짜고짜 "너 기자 자질이 있는 놈이냐" "누가 사주를 했느냐"고 따지는 데는 답변을 할 수조차 없었다. 제작진은 회사까지 찾아와 "사과를 하라"고 억지 요구를 하는 통에 동료들까지 고생을 하기도 했다.

때로는 무작정 한류를 이용하려는 경우도 없지 않다. 2007년 한국의 베이비복스 리브가 하노이를 찾았다. 이 팀은 구 베이비복스를 만들었던 분이 새로운 어린 가수들로 팀을 만들어 베트남과 태국 등을 돌며 테스트를 한다고 했다. 당시 한국대사관과 한국문화원은 예산 부족으로 한국과 베트남의 수교 15주년 행사를 고민하던 차에 자발적으로 베트남에 온 이 팀을 무대에 올리는 계획을 세웠다.

팀으로서는 한국대사관과 문화원의 후원까지 받은 큰 무대에서 베트남 관객들에게 자신들을 알릴 수 있는 기회였고 대사관으로서도 돈들이지 않고 행사를 진행할 수 있어 좋았다. 어차피 표는 무료로 뿌리는 것이고 베트남인들에게 한국 가수는 누구든 별 차이가 없을 거라고 생각했다. 더구나 이들은 어린 미녀 가수들이 아닌가.

그러나 필자의 생각은 달랐다. 이미 베트남에 한국의 대중 가수들은 많이 알려졌고 이제는 보다 수준 있는 팀을 소개해 진정한 한국문화를 보여주어야 한다고 생각했다. 특히 한국과 베트남의 수교 15주년을 기념해 한국대사관과 한국문화원이 함께 주최하는 행사에 갓 구성돼 테스트를 하고 있는 팀을 올리는 것은 잘못됐다는 생각에 짧게 기사를 올렸다.

이로 인한 반향은 '엽기적인 그녀' 보다 더 했다. 소속사의 사장이 필자를 찾아왔고 국내에서는 관계자가 회사를 방문해 기사를 취소하라고 요구했다. 네티즌들의 반발은 말할 것도 없었다. 회사의 한 후배는 이 팀을 만든 분이 가요계에서는 영향력이 아주 커서 잘못 건드리면 큰일 난다고 겁을 주기도 했다.

그러나 우리의 한류가 외국에서 제대로 뿌리를 내리려면 현지에서 들리는 비판적인 지적이라도 성의껏, 반갑게 받아들이는 풍토가 만들어져야 한다. 아울러 한류가 언제까지 연예인들의 공연을 통한 인기에만 그쳐서는 안 된다.

이제는 얼굴이나 몸매와 춤으로 동남아 소년 · 소녀들을 공략하기보다 수준 높은 우리의 문화를 수출할 수 있는 한류로 변해야 한다.

베이비복스 리브를 그 후 더 이상 방송이나 지면에서 볼 수 없었던 것은 필자 때문은 아니었을 것이다.

제6부

우리는 모두 친구 주석도 총리도

안에서는 동양식 밖에서는 서양식

필자가 처음 베트남에 특파원으로 부임한 2000년, 그곳에서 5년을 살았다는 한 선배는 이런 말을 했다. 처음 베트남인을 만났을 때 그들을 너무 좋아했지만 1년이 지나면서 그들이 싫어졌고 다시 1년이 지나서는 싫지도 좋지도 않게 되더라는 것. 당시 필자에게는 그 말이 잘 이해되지 않았다.

그러나 베트남에서 6년 이상을 보낸 지금, 선배의 말이 맞을 수도 있겠다는 생각이 든다.

선배가 이런 말을 하게 된 가장 큰 이유는 우리 국민들 대부분이 상대의 겉만 보고 너무 즉흥적으로 판단하는 데 있을 것이다. 한국인들은 외국인과 만날 때 처음에는 다소 무뚝뚝하지만 상대가 약간의 호의를 보이면 금방 친숙해지고, 식사를 함께 하며 술이라도 한 잔 곁들이게 되면 술자리가 끝나기도 전에 십년지기나 형님, 동생이 된다. 그리고 다음에 만나면 무슨 비밀이라도 쉽게 나누고 아무리 어려운 부탁이라도 기

께이 들어주며 상대도 그렇게 할 것으로 생각한다. 이것이 바로 한국인의 장점이자 단점이 아닐까.

이러한 사고 방식은 결과가 좋으면 아주 유익하게 활용되지만 일이 잘못되면 자칫 서로 원수가 될 위험성도 안고 있다. 상대가 작은 부탁이라도 들어주지 않으면 금방 서운함을 느끼고 배신감마저 들기 때문이다.

두 번째는 베트남인의 사고가 우리와 다르기 때문이다. 그들은 개인적인 일에서는 우리와 비슷한 동양적인 사고를 갖고 있지만 공적인 업무라든지 이익과 관계된 일에서는 개인적인 관계나 감정을 무시하는 지극히 서양적인 면모를 보일 때가 많다.

하노이에서 대기업 건설업체의 현지 법인장으로 있는 김 법인장은 부임한 지 1년이 됐지만 아직도 베트남인들을 이해 못할 때가 많다고 한다. 베트남인들과 만나서 식사를 하고 술을 마실 때는 친형제 같지만 사무실에서 만나면 다른 사람이 된다는 것. 아마도 그의 부임 초기에 있었던 해프닝 때문일 것이다.

본사로부터 큰 프로젝트를 받은 김 법인장은 부임하자마자 이 프로젝트의 성사를 위해 열심히 뛰었다. 사업 추진을 위해 필요한 사전 준비는 물론 필요한 분야의 사람들까지 꼼꼼하게 설득을 했다. 마지막으로 관련 부서의 팀과 만나 식사에서 가라오케까지 충분한 스킨십도 쌓았다. 해당 팀장으로부터 "잘 도와주겠다"는 확답까지 들은 김 법인장은 그동안의 결과를 낙관적으로 본사에 보고했다.

그러나 기대했던 프로젝트는 계약이 계속 미뤄졌고 몇 달이 지나서는 총리실의 방침이라며 공개입찰을 해야 한다고 했다. 나중에 알았지만 해당 부서는 김 법인장 외에 다른 나라 업체는 물론 몇몇 한국 업체들로부터도 똑같은 접대를 받았고 똑같이 협조를 약속한 것이었다. 화가 난 김 법인장은 팀장을 찾아가 항의를 했지만 팀장의 대답은 의외였다.

"내가 언제 접대를 부탁했느냐? 당신이 접대를 했고 나는 정부 방침대로 업무를 추진했을 뿐"이라고 당당히 말하며 "우리 정부는 이번 입찰에 보다 많은 국가의 많은 업체들이 참가하는 것을 원한다"고 덧붙였다.

생각해 보면 다 맞는 말이다. 김 법인장은 모든 것을 너무 쉽게 생각했고 자기 위주로 판단한 것을 후회했다. 이로 인해 김 법인장은 본사로부터 엄청난 질책을 당했지만 베트남에 와서 돈으로도 살 수 없는 귀중한 경험을 했다며 스스로를 위로했다.

개인사업을 하는 이 사장도 비슷한 경험이 있었다. 3년 전 하노이에 처음 왔을 때 현지 여직원에게 당한 수모를 지금도 잊지 못한다고 말한다.

서울에서 사업에 실패하고 단신으로 베트남에 온 이 사장은 다행히 한국말을 곧잘 하고 한국인들의 마음을 잘 읽는 여직원 '장'을 만나 많은 도움을 받았다. 장은 똑똑하기까지 해 아무 것도 모르는 이 사장에게는 베트남 사업의 은인과 같았으며 이미 한국인과 일을 해 본적이 있는 장을 100% 믿고 따를 수밖에 없었다. 사업은 금방 자리를 잡았고 사업이 잘 될수록 그녀에 대한 신뢰는 더 높아졌다. 그녀의 월급은 300달러에 불과했지만 이 사장은 서울에 다녀올 때마다 수백 달러 되는 비싼 가죽 점퍼나 핸드백 등을 선물해 고마움을 전했다. 중요한 일을 부탁할 때는 업무추진비를 별도로 듬뿍 쥐어주기도 했으며 그녀의 가족 행사에는 솔선해서 모든 것을 제공했다. 한마디로 딸과 마찬가지였다.

그러나 잘 나가던 이 사장의 사업도 같은 업종의 한국 회사가 많이 생기면서 어려워지기 시작했다. 이 사장은 형편이 어려워지자 딸처럼 잘 해주었던 장에게 가끔씩 주던 보너스도 줄 수 없었고 선물도 사주지 못했다. 그저 형편이 나아지면 잘해 주리라 마음먹었다. 그러나 몇 달이 지나자 장은 이 사장도 잘 아는 다른 한국 회사로 옮기기로 했다면서 그동안 받지 못한 시간 외 수당을 달라고 했다. 그동안은 시간 외 수당을 별도로 주지 않고 이 사장이 보너스 식으로 매달 몇 백 달러씩 주었었다.

이 사장은 딸처럼 대해 온 그녀의 말에 충격을 받았으나 일시적인 동요로 생각하고 사업이 호전되면 더 많은 월급을 줄 테니 조금만 참아달라고 부탁했다. 그러나 그녀는 옮기기로 한 회사에서 월 500달러씩을 받기로 하고, 이미 1년 치를 선불로 받았다고 했다. 그렇게 해서 장은 이 사장을 떠나 그의 경쟁업체로 자리를 옮겨버렸다.

이 사장은 지금도 "내가 그녀에게 준 선물 값만 해도 수천만 원은 될 텐데 그럴 수 있느냐"며 흥분한다. 그러나 상황을 잘 아는 지인은 당시 장으로부터 "이 사장님의 호의에는 항상 감사함을 느낀다. 하지만 나의 미래를 위해 보다 큰 회사로 옮기고 나의 가족을 위해 급여를 많이 주는 회사에 갈 수밖에 없다"는 말을 들었다고 전했다.

그들은 가정에서나 일상 생활에서는 어른을 공경하고 친구를 중히 여기며 인간관계에서는 신의를 지키는 등 동양의 유교적 사고를 갖고 있다. 그러나 회사 업무나 개인적인 이익과 연관되면 다른 무엇보다 실리를 따르는 서양적 사고로 변한다. 김 법인장이 술 먹을 때와 회사에서 만날 때가 다르다고 한 것은 바로 그들이 이처럼 이중적 사고 행태를 갖고 있기 때문이다. 많은 한국 사업가들이 베트남에서 사업을 하면서 착각하는 것이 바로 이 점이다.

사업과 인간관계를 동일시하는 우리와 사업과 인간관계를 별개로 생각하는 그들은 큰 차이를 보이기 때문이다. 베트남에서는 직원을 관리할 때 인간관계보다는 철저한 인사관리를 통해야 하고 채용하거나 내보낼 때도 정확한 근거와 급여 수준을 고려해야 한다. 아무리 잘해 준다해도 급여가 낮으면 직원은 떠날 것이며 정확한 근거 없이 직원을 내보내려 한다면 그들은 반발할 것이다.

국내 대기업의 현지 법인에서 근무 태도가 나쁜 직원을 인사고과 자료나 근무 태도에 대한 자료 없이 내보내려다 반발에 부딪혀 정부로부터 경고를 받고 그 직원을 그대로 둔 일이 있는 반면, 인근의 일본 업체는 평상시 철저한 근무일지를 작성해 해마다 근무 태도가 나쁜 5%를 내보내고 있는 것은 참고할 만한 일이다.

그들은 근거 없이 폭력 등을 동원해 불이익을 주려하면 크게 반발하지만 정확한 근거를 대고 설득하면 쉽게 받아들이는 서구적인 면을 보여준다. 한국의 '주먹구구식' 인사 관리는 베트남에서는 통하지 않는다는 점을 명심해야 한다.

모두가 형·동생 주석도 청소부도

학교에서 공산주의를 배울 때 '계급없는 사회' 라는 말을 들었다. 이런 사회는 이론으로나 있지 실질적으로는 있을 수 없다는 생각을 했었다. 공산당이 다스리는 베트남에서도 분명히 계급 차이는 있다. 그러나 그 중에서도 가장 격차가 적은 곳이 베트남 아닐까.

같은 공산주의 사회인 북한에서는 김일성을 '경애하는 어버이 수령님' 이라 부르고 김정일은 '경애하는 지도자 동지' 라고 호칭한다. 그러나 베트남에서는 건국 영웅인 호찌민을 '호 아저씨(BAC HO)' 라 부른다. 아무런 수식어가 붙지 않고 그저 이웃집 아저씨, 친근한 삼촌으로 표현하고 있다.

베트남에서는 당 서기장이나 주석, 총리를 부를 때도 우리처럼 '각하' 등의 호칭을 쓰지 않는다. 공식적인 자리에서는 직책을 불러주지만 만찬 등 공식적인 자리를 떠나면 그저 '옹 어이(ong oi)' 로 부른다. '옹'

은 나이 많은 사람이나 직책이 높은 사람에게 공통적으로 쓰이는 호칭이다. '옹'과 부르는 말인 '어이' 사이에는 상대방의 마지막 이름을 넣어 부르는 것이 보통이다. 즉 응웬 민 찌엣 주석을 부른다면 '옹 찌엣 어이'로 부르면 된다. 이명박 대통령을 부른다면 '옹 이 어이'가 될 것이다. 우리말로 번역하면 '찌엣 선생님' '이 선생님' 정도로 보면 된다. 보다 친근한 사이라면, 자신보다 나이가 많을 땐 '아잉 어이(anh oi)', 나이가 어리면 '앰 어이(em oi)'로 부른다. 만약 상대가 여자라면, 나이가 많을 땐 '찌 어이', 어리면 '앰 어이'가 된다. 이때도 마찬가지로 중간에 마지막 이름을 넣어 농 득 마잉 당 서기장이라면 '아잉 마잉 어이'라 부르고, 필자는 '아잉 권 어이'라고 불릴 것이다. 우리말로 하면 '권 형' '이 형'이나 '권 동생' '이 동생' 정도가 될 것이다.

이처럼 베트남은 호칭에서부터 격차가 별로 없다. 그저 모두가 아저씨, 선생님, 형, 동생 정도다. 이러한 호칭 때문인지 그들의 모임을 보면 자칫 아래 위가 없어 보인다. 시골 마을에서는 연장자가 모든 것을 결정하고 그의 결정이 곧 법이며, 마을의 법이 국가의 법을 앞선다고 한다. 하지만 실제 그들의 모임에 가 보면 혼란스러움을 느끼게 된다.

2002년, 베트남 경찰의 인터폴팀과 골프를 친 적이 있다. 인터폴팀장인 특은 경찰 소장으로 우리로 치면 치안정감이나 치안감에 해당하는 높은 지위의 인물이었다. 60세의 그는 골프를 아주 좋아해 한국 사람들과도 더러 어울렸는데 이날은 서울에서 온 중요한 손님이 있어 반은 공식적인 자리였다.

특 소장은 일찍 와서 기다렸으나 그의 부하들이 늦는 바람에 티업 시간이 늦춰졌다. 그러나 부하들은 미안하단 말 없이 느릿느릿 걸어와 상

관은 본체만체하며 한국 사람들과 인사를 나눴고, 특 소장도 별일 없다는 듯 웃으며 부하들을 소개했다.

30분쯤 먼저 와서 기다리고 있어야 할 '아랫사람' 이 늦게 와서는 상관에게 사과의 말 한마디 없이 한국인들과 웃고 떠든다는 게 우리 눈에는 제대로 된 상하관계로 보이지 않았다. 경기 중에도 늦게 온 부하는 나이 많은 특 소장을 '아잉 특(특 형)' 이라 부르며 거리낌 없이 대했고 특 소장도 아무렇지도 않게 농담을 하며 함께 즐겼다. 필자는 경기가 끝난 후 식당에서 경찰 간부에게 저 부하가 실제로 특 소장의 참모냐고 물었더니 '틀림없다' 고 대답했고 나이는 43세로 특 소장보다 열일곱 살이나 적다고 했다.

더 이상한 행동은 식사 후 가라오케에서 나왔다. 식사를 하면서 술을 많이 마신 그들은 이미 취해 있었다. 그들은 가라오케에 가자마자 서로 노래를 부르겠다고 다투더니 이내 상관이나 부하가 따로 없이 한데 엉켜 껴안고 노래를 불렀다. 그들은 형, 동생 하며 소리를 질러댔다. 누가 윗사람인지 누가 부하인지 도저히 알 수 없을 정도였다.

그렇게 취하고도 특 소장은 회식이 끝나자 정신을 차려 한국인들에게 인사를 하고 집으로 돌아갔으나 몇몇 부하들은 정신을 가다듬지 못해 집까지 데려다 주어야 했다. 후에 이런 얘기를 한 베트남인에게 했더니 "부하가 골프장에 늦게 올 수도 있고 술을 마시면 그럴 수도 있지 뭐가 문제냐"고 되레 반문했다.

그들 사이에 상하가 없다는 것은 몇 달 뒤 다시 골프장에서 확인할 수 있었다. 지난번 초대에 대한 고마움의 뜻으로 특 소장이 한국인 두 명과 함께 골프를 치자는 연락을 해와 쾌히 응했다.

그와 함께 골프장에 도착했더니 골프장 캐디에서부터 사무원, 청소원 할 것 없이 그에게 인사를 했고 그도 일일이 악수를 나누며 오래된 친구처럼 반가워했다. 매주 만나는 사람들이었지만 그들의 인사는 형식적이지 않고 정말 반가운 사람을 만나서 하는 그런 인사였다. 우리의 경찰 최고 간부라면 어땠을까. 달라도 너무 다른 것 같았다.

라운드 중 우리는 한 점당 1달러의 작은 내기를 했다. 3홀을 지날 때까지는 필자가 특 소장에게 2달러를 잃었다. 그런데 네 번째 홀 팅그라운드로 이동하면서 특 소장의 캐디와 특 소장이 작은 논쟁을 벌이기 시작했다. 논쟁의 이유는, 파 5의 3번 홀에서 특 소장은 5타를 쳐 파를 했다고 우리에게 말했는데 캐디는 6타를 쳐 파가 아니라 보기를 했다는 것. 그렇게 되면 특 소장은 우리 세 사람에게 각각 1달러씩을 주어야 한다. 특 소장은 한타 한타를 들어 파라고 주장했으나 캐디 역시 지지 않고 보기라고 우겼다. 그 캐디는 특 소장을 잘 아는 사람이었다.

필자는 4번 홀이 다 가도록 물러서지 않고 다투는 캐디에게 "나이 많고 높은 사람에게 무슨 태도냐, 파든 보기든 괜찮으니 그만하라"고 나무랐다. 그러나 캐디는 "특 소장이 가끔 스코어를 속인다"며 "이번에 반드시 버릇을 고쳐주겠다"고 버티는 것이 아닌가. 이들은 전반 라운딩이 끝나도록 서로의 스코어가 맞다고 우겼다.

60세의 고위층을, 그것도 자신의 손님에 대해 버릇을 고치겠다고 대드는 캐디도 우리에게는 '간 큰 캐디' 라는 생각이 들었지만 그 캐디에 맞서 끝까지 언쟁을 하는 특 소장의 태도가 우리에게는 더 의아해 보였다. 우리의 경찰 고위 간부였다면 어땠을까.

그러나 후반 들어 그는 언제 그랬냐는 듯 캐디와 다시 아버지와 딸처럼 정답게 얘기를 나누며 라운딩을 했고 캐디 역시 40에 가까운 나이 차이를 느끼지 못할 정도로 농담을 주고받으며 친구처럼 특 소장과 어울렸다.

해마다 1만 명에 가까운 베트남 여성들이 한국 남성과 결혼해 한국에 온다. 그런데 한 통계를 보면 그들과 결혼한 한국 남성과의 나이 차이가 평균 열다섯 살을 넘는다고 한다. 한국 남성의 나이가 평균 35세라면 그들은 20세이고 남성이 40세이면 25세인 셈이다.

이처럼 그들이 많은 나이 차이를 무릅쓰고 한국 남성과 결혼하는 것은 물론 자신의 2세만은 잘살게 해주고 싶다는 이유가 가장 크지만, 그들이 비교적 나이나 국적 등 외부 조건에 덜 좌우되기 때문이 아닐까 생각된다. 국적이 다르고 나이 차이가 나더라도 자신의 미래에 도움이 되고 가족들의 생활에 보탬이 된다면 극복할 수 있다는 게 그들의 사고방식인 듯하다.

아내는 「하동의 사자」

베트남 남자들이 가장 자주 하는 말 중의 하나가 '하동의 사자(su tu hadong)' 다. 그들은 약속을 어기거나 곤란한 일이 생길 때마다 '하동의 사자' 를 들먹인다. 눈치 빠른 사람들은 벌써 알아챘겠지만 '하동의 사자' 란 바로 아내를 일컫는 말이다. 이 말은 수백 년 전부터 내려오는 것으로 '하동' 이란 중국 남부의 한 지방을 가리킨다고 한다. 아마도 이 지방에는 사자가 자주 출몰했고 그로 인해 많은 사람들이 피해를 입었을 것으로 추정된다.

아내를 이처럼 무서운 '하동의 사자' 로 부르는 것은 베트남 남자들이 얼마나 아내를 두려워하는지를 잘 보여 준다. 아내의 한국 드라마 시청 때문에 필자와의 약속을 취소한 고위 관계자의 얘기는 이미 앞에서 언급했지만 베트남에서 이와 관련된 얘기는 수없이 많다.

남자들의 하루 일과만 봐도 여성이 집안에서 차지하는 위치를 잘 알 수 있다. 우리는 낮술을 가급적 피하고 일과 후에 술을 마시지만 베트남 남성들은 반대다. 점심을 겸해 낮에 주로 술을 마시고 밤에는 가급적 일찌감치 집으로 간다. 그들은 11시 30분부터 시작되는 점심시간에 술을 마시기 시작해 어떤 때는 3~4시까지 마신 뒤 회사에 들러 책상을 정리하고 5시가 되면 아무 일 없었다는 듯이 퇴근하는 경우도 있다. 이러한 그들의 음주 방식은 물론 낮 시간에 여유가 있어서이기도 하지만 되도록이면 저녁 시간을 집에서 아내, 아이들과 함께 보내기 위해서다. 남자들이 저녁에 빨리 집에 가야하는 이유는 여러 가지가 있다.

첫째는, 학교나 학원에 간 자녀들을 집으로 데려 오거나 학원에 갈 자녀들을 데려다 주어야 한다. 베트남 가정의 경우, 대부분 주부들이 직장을 다니거나 바쁘기 때문에 남편들이 일찍 귀가해서 자녀들의 귀가를 도와야 한다. 더러는 일을 나간 아내를 집으로 모시고 와야 하는 경우도 있다.

둘째는, 남편은 아내 또는 자녀들과 함께 저녁식사를 하거나 저녁 운동을 해야 한다. 베트남은 집이 좁고 집에서 취사를 하는 경우가 많지 않아 저녁은 물론 아침도 사먹을 때가 많다. 따라서 아내와 함께 인근 음식점을 찾아 식사를 함께 하는 것을 남편의 작은 임무로 생각한다.

이 외에도 남편들이 일찍 귀가해야 하는 또 다른 이유로는 바람을 피우지 않는다는 것을 아내에게 보여줄 필요가 있기 때문이다. 전통적으로 베트남에서는 성에 대한 관념이 우리보다 훨씬 개방적이고 직장에서도 치정문제가 자주 일어나는 것으로 알려져 있다. 따라서 남편이 늦게 들어오면 아내는 남편의 외도를 의심하게 된다.

아내가 '하동의 사자'가 된 데는 50여 년간 이어져 온 전쟁이 큰 역할을 했다는 지적이 있다. 베트남 남성들은 성인이 되기 전부터 전쟁만을 해 왔기 때문에 사회생활이나 가정일은 모를 수밖에 없었다. 대신 남편들이 해야 할 농사일에서부터 가정을 꾸려나가는 일, 자녀들을 키우는 일 등 모든 것이 아내들의 몫이었다. 전쟁이 끝나고 남편들이 돌아왔지만 그들이 할 수 있는 일은 아무것도 없었다. 모든 생활은 아내들이 그대로 맡아 했다. 남편들이 할 수 있는 일이란 자식을 낳고, 밖에 나가 친구들과 차를 마시고, 축구를 보고, 노름을 하는 게 전부였다. 그러다 보니 그들을 유혹하는 것은 마약이었고 남의 여자와 어울리는 일이었다. 자연히 아내들은 남편을 신뢰하지 않고 속박하게 됐고 남편들은 점점 더 아내를 무서워하게 됐다.

베트남에는 다른 나라와 달리 두 번의 여성의 날이 있는 것도 특이하다. 3월 8일은 세계 여성의 날이고 5월에는 베트남 여성의 날이 있다. 처음 베트남에 부임했던 2000년 3월 7일, 필자가 살던 아파트 주위에 꽃을 파는 상인들과 이를 사려는 사람들이 장사진을 이뤄 차량 진입을 막았다. 운전사에게 무슨 일이냐고 물었더니 "내일이 세계 여성의 날"이란다.

베트남 남성들은 이 날이 되면 아내는 물론 그가 아는 많은 여성들에게 꽃 선물을 한다고 했다. 필자도 덩달아 생전 처음 꽃다발을 사들고 귀가했더니 아내는 무슨 일이냐며 의아해 했다. 필자는 또 이튿날 여직원은 물론 대사관의 여직원들에게까지 꽃 선물을 해서 매우 센스 있는 특파원이 왔다는 호평을 들었다.

이처럼 베트남 여성들은 가정에서나 사회에서 중요한 역할을 하고 있고 그런 만큼 충분한 대우를 받는다. 베트남에 가서 사업을 하다보면 우리보다 훨씬 많은 여성들이 중요한 직책을 맡아 남자들도 하기 힘든 큰일을 해내는 것을 볼 수 있으며 정부 또한 부통령 격인 부주석은 반드시 여성으로 하고 국회의원의 30% 이상을 여성으로 추천하도록 하고 있다.

화끈하게 시끄럽고 잔치는

한국인들이 베트남인들의 회식 장면을 보면 놀랄 때가 많다. 월급 200달러 내외의 직장인들이 하루 저녁 회식비로 1인당 50달러 가까이를 쓰기 때문이다. 이는 1960년대 우리와 마찬가지로 개인적인 비용을 쓰기는 어렵지만 공금을 쓸 때는 마음껏 써도 된다는 생각이 있고 또 그렇게 쓸 수 있는 음성적인 비용이 있어서다. 그래서 그들은 초청을 받아 회식에 갈 때 되도록 많은 인원이 참석하는 것을 초청자에 대한 예의로 생각한다. 또 값나가는 음식을 많이 먹는 게 대접을 잘 받는 것으로 여긴다.

하노이에서 15년째 한국식당 코리아나를 운영하는 이동성 사장은 한국 사람들이 회식을 할 때는 1인당 평균 매상이 20달러 이내지만 베트남 사람들은 이의 두 배인 평균 40달러 이상이라고 한다. 우리로서는 이해하기 어려운 대목이다.

그러나 그들은 월급 외에 사업 등을 통한 부수입이 있어 이를 개인별로 분배하기도 하고 회식비로 쓰기도 한다. 그래서 회식 때는 돈을 아끼지 않는다. 그들의 이러한 접대문화는 결혼식이나 장례식에서도 그대로 나타나 빚을 내서라도 손님들을 잘 모셔야 한다고 생각한다.

그들이 하노이에서 가장 고급스러운 회식 장소라고 생각하는 코리아나에 오면 베트남 식으로 주문을 한다. 먼저 파전 등을 애피타이저로 시키고 이어 갈비에서부터 삼겹살 등 고기류를 실컷 먹는다. 우리는 고기를 먹고 나면 냉면이나 된장찌개를 먹지만 그들은 부대찌개나 해물탕 등 탕류를 더 먹고 마지막으로 볶음밥이나 삼계탕, 국수 등의 식사를 한다. 물론 주문한 음식을 다 먹지는 않지만 그들은 음식이 충분히 남아있어야 참석자들이 만족스럽게 회식을 즐겼다고 생각한다. 접시가 다 비워져 있으면 부족하다는 생각을 한다. 한국 음식을 중국이나 베트남 스타일로 먹는 것이다.

술도 여러 가지를 많이 마신다. 처음엔 보통 포도주로 시작하지만 이어서 양주를 마시기도 하고 인삼주를 즐기는 사람들도 많다. 이러다보니 회식비가 만만치 않은 것은 당연지사다.

회식 분위기도 독특하다. 처음에는 한 사람 두 사람씩 들어와 조용히 얘기를 나누며 모임을 시작한다. 그러나 어느 정도 사람이 모이면 그들의 축배사인 "축 숙쾌(Chuc suc khoe!, 축 건강!)"가 이어진다. 함께 잔을 들 때는 "못 하이 바 요!(Mot hai ba jo!, 하나 둘 셋 자!)"를 외치며 잔을 비운다. 회식이 한 시간쯤 계속되면 술자리가 매우 소란해지고 좌중을 돌며 술을 권하는 사람이 늘어난다. 다시 한 시간쯤 지나면 대부분의 사람들은 자리에서 일어나 정신없이 떠들며 술자리를 돌아다닌다. 일부는 먼저 자리를 뜨기도 하고 뒤늦게 도착하는 사람도 있다. 그런 중에도 술자리는 계속된다. 보통 한 번 회식을 하면 3시간 정도 이어진다. 도중에 생각나는 사람이 있으면 전화로 불러내는 경우도 있다.

또 하나 우리와 다른 점은 여성들의 목소리가 크다는 점이다. 베트남은 남녀 차별이 거의 없어 여자들 중에 고위급이 많고 술을 마실 때도 남자들에게 거의 지지 않는다. 남자들은 여자들이 술을 권하면 거절하지 못하고 대부분 받아 마신다.

베트남인들의 음주문화에서 특이한 점은 더운 나라인데도 독한 술을 즐긴다는 점이다. 최근에는 알코올 농도 28도의 하노이 소주가 나왔지만 2000년대 초반만 해도 40도의 넵머이와 르어머이가 국민 술이었다. 누룽지 맛이 나는 '새 찹쌀' 이란 뜻의 넵머이는 현지 한국 사람들이 즐겨 마시는데 우리는 물이나 얼음을 타서 양주처럼 마시지만 그들은 대부분 레몬만 타서 그냥 마신다. 다른 동남아 국가에서는 독주를 마시면 견디기 힘들어 주로 맥주를 마시는데 베트남 국민들은 맥주도 좋아하지만 독주를 더 좋아한다.

술을 마시는 시간도 우리와는 차이가 있다. 우리는 여간해서 오전에는 술을 마시지 않지만 그들은 비록 오전이라도 반가운 사람을 만나거나 의미있는 날에는 술을 권하기도 한다. 회사 기념일에는 오전이라도

식을 진행한 다음 술을 마신다. 특히 설(TET, 떼뜨)이 지나고 한동안은 관공서나 회사 안에서도 반가운 사람을 만나면 술을 내놓는 일이 많다.

베트남에는 식사와 술을 함께 하는 경우가 많다. 우리도 전에는 '방석집' 이라는 게 있어 밥을 먹고 술을 마시며 접대부와 노래를 부르는 세 가지를 함께 했었는데 베트남에서는 가라오케가 이 역할을 한다.

베트남 로컬 가라오케에 가면 먼저 술 메뉴와 음식 메뉴를 한꺼번에 내놓는다. 로컬 가라오케는 호텔 가라오케와 달리 11시면 문을 열어 직장인들의 점심식사에 대비한다. 특히 접대와 관련된 직장인들은 11시 반이 되면 음식점이 아닌 가라오케로 가서 먼저 식사를 한다. 식사 메뉴로는 주로 야채와 고기, 해산물 등을 함께 넣어 끓이는 화로요리가 많고 자라와 장어, 랍스터 등 보양 요리도 있다. 식사와 술을 함께 한 직장인들은 노래와 춤을 즐긴 뒤 기분 좋게 회사로 돌아온다. 대학이나 주택가에 있는 가라오케들은 생일잔치 등의 장소로도 자주 이용된다. 집이 좁은 젊은이들은 가라오케를 빌려 잔치를 한다.

베트남의 노래방(가라오케)은 외국인들에게 퇴폐업소로 알려져 있지만, 현지 가라오케는 여종업원이 상주하지 않고 손님이 원하면 불러주는 형태를 취하고 있기 때문에 퇴폐업소만 있는 것은 아니다. 대학교 근처 등지에는 방만 빌려주고 손님들끼리 술과 음식을 먹고 노래를 부르며 즐기는 노래방들도 얼마든지 있다.

제7부

순수하지만 얄미운 그들

『거시기해서 거시기하라』는 금물

필자는 베트남에 가기 전 베트남 사람들이 다른 동남아 국가 사람들에 비해 높은 교육을 받고 있고 매우 영리하다는 말을 자주 들었다. 그리고 그들은 말만 다를 뿐 외모도 우리와 비슷하고 문화와 생각도 비슷해 더러는 주위의 베트남인들이 외국인이라는 것을 가끔 잊는다고도 했다.

베트남에 간 지 얼마 지나지 않아 호찌민 출장을 갈 일이 생겼고 일을 도와주는 직원에게 항공권 예약을 부탁했다. “내일 오전 9시께 호찌민행 항공을 예약하고 다음날 오후 4시께 돌아올 수 있도록 해 달라”고 말했다. 여기저기 전화를 하던 직원은 한참 후 오전 9시 항공권이 없다고 했다. 그러면 몇 시에 있느냐고 물었더니 “다시 알아보겠다”고 했다.

얼마 후 직원은 오전에는 좌석이 없다고 했다. 오후에는 몇 시에 가능하냐고 물었더니 또 "다시 알아보겠다"고 했다. 점심을 먹고 2시가 지나서 느긋하게 나타난 직원에게 다시 항공권 예약을 물었더니 "여행사 직원이 점심을 먹으러 가서 알아보지 못했는데 지금 알아보겠다"고 했다. 약간 화가 나 빨리 알아보라고 재촉했더니 1시간 후 여직원은 오후 4시에 호찌민행 비행기 좌석이 있으나 다음날 오후 4시에 돌아오는 항공권은 없다고 했다. 그러면 언제 가능하냐고 했더니 다시 알아보겠다고 했다. 더 이상 못 참게 된 필자는 급기야 "내가 할 테니 그만 두라"고 소리를 지르고 말았다.

국내은행 지점에 부탁해 전화번호를 알아낸 필자는 바로 베트남 항공에 전화를 해서 왕복 항공권을 쉽게 예약했다. 그러나 그 직원은 열심히 시키는 대로 했는데 왜 자기에게 화를 내는지 이해할 수 없다는 표정이었다. 문제는 여러 가지가 있었다.

첫째는, 그 여직원이 직장 경험이 많지 않아 항공권 예약 방법을 잘 몰랐다. 베트남에서는 당시만 해도 내국인들은 비행기를 이용하는 일이 거의 없어 항공사에 대한 이해가 없었고 하루에 항공편이 몇 번이나 있는지, 어떻게 이용하는지 잘 몰랐다. 그 직원도 항공권을 예약해 본 적이 없어 부모님께 물어 본 후, 한 친척이 운영하는 여행사를 소개받았고 이 여행사를 통해 예약을 하려 했던 것이다.

두 번째는, 일반 베트남인들은 관공서나 공공기관을 두려워한다. 특히 관공서나 공공기관에 전화를 할 때는 더욱 조심스러워 하기 때문에 자기가 물어 보아야 할 것을 정확히 물어보지 못하고 전화를 끊는다. 이들은 또 은행이나 관공서에서 업무를 볼 때 기다리라고 하면 몇 시간이고 그냥

HVS
E.R. BERGAMO
MY GIANG 1
MY GIANG 2

기다린다. 얼마나 기다려야 하는지, 어떻게 하면 빨리 할 수 있는지 물어보지 못한다. 반대로 관공서나 은행 등의 근무자들은 대체로 일반인들에게 매우 고자세를 보이고 물어본다고 해도 고분고분 답변을 하지 않는다. 그래서 이날 우리 직원은 친척 여행사에 항공권을 예약하기 위해 고객으로서 전화를 했음에도 두려운 표정이 역력했고 태도 또한 저자세였다.

세 번째는, 그들의 사고가 우리처럼 폭 넓지 못한 데 있다. 국내의 경우 처음 입사한 사원이라 하더라도 상사가 몇 번 물어보면 충분히 상사의 의도를 파악해 스케줄을 짜거나 상사에게 미리 언제까지 가능하냐고 물어 보았을 것이다.

그러나 이들에게는 외국회사나 해당 업무에 오래 근무한 사원이 아니면 이를 기대하기 힘들다. 그들은 우선 항공권 예약 등에 대한 상식과 자신이 판단해서 '알아서 하는 능력' 이 부족하다. 이에 대해 혹자들은 "이러한 사고는 사회주의 방식에서 비롯됐다"며 "창의력을 발휘할 기회나 필요가 없었던 것이 가장 큰 이유"라고 주장한다.

그래서 현지에 진출한 국내 기업들의 한국인 관리자들 간에는 현지 직원들에게 일을 시킬 때는 육하원칙에 따라 분명히 지시하라는 충고가 뒤따른다. 국내에서 하듯이 "거시기해서 거시기하라"든지 "네가 잘 알아서 해라"는 등의 지시는 아무것도 하지 말라는 것이나 다름없다.

또 하나, 그들에게는 여러 가지 일을 한꺼번에 시키는 것을 자제해야 한다. 우리는 업무가 밀리면 여러 가지 일을 지시한 후 어느 날 한꺼번에 확인하는 경우가 많다. 그러나 베트남에서는 곤란한 얘기다. 우선 그들은 지금까지 그렇게 많은 일을 한꺼번에 해 본 적이 없다. 지금은 많이 달라졌지만 2000년대 초반까지만 해도 일자리는 적고 일을 해야 할 사람은 많아 정부에서는 일을 나누어 고용을 확대하는 정책을 폈왔다. 사회주의 이념에 따라 급여를 적게 받더라도 여러 사람이 골고루 혜택을 받게 하자는 것이다.

이 때문에 대부분의 회사에서는 업무량이 그다지 많지 않았다. 당시만 해도 8시에 출근해서 두어 시간 일하고 나면 11시 30분에 점심을 먹고 낮잠을 잔 후 다시 두어 시쯤 회사에 들어가지만 일거리가 없어 4시께 퇴근하는 것이 보통이라고 했다.

그래서 2001년께 베트남의 큰 철강회사였던 타이응웬은 종업원이 1만 명에 가까웠으나, 종업원 500여 명에 불과했던 한-베트남 합작회사 VPS와 매출이 비슷했다고 한다. 한국의 포스코가 투자한 VPS는 초현대식 시설을 베트남에 처음 도입해 전 과정을 자동화함으로써 타이응웬과 비슷한 양의 철강을 생산한 것이다.

2000년대 후반 들어 많은 외국 회사들이 몰려오고 국영회사들의 민영화가 활발하게 추진되고 있어 베트남 직원들의 생산량 높이기와 자동화도 큰 진전을 보이고 있으나 아직도 너무 많은 업무를 한꺼번에 요구하는 일은 자제하는 게 좋다. 대신 업무 하나하나를 매일매일 체크하고 순서대로 지시하는 것이 베트남에서는 훨씬 높은 업무 효율성을 얻는 일이라고 진출 기업의 관리자들은 충고한다.

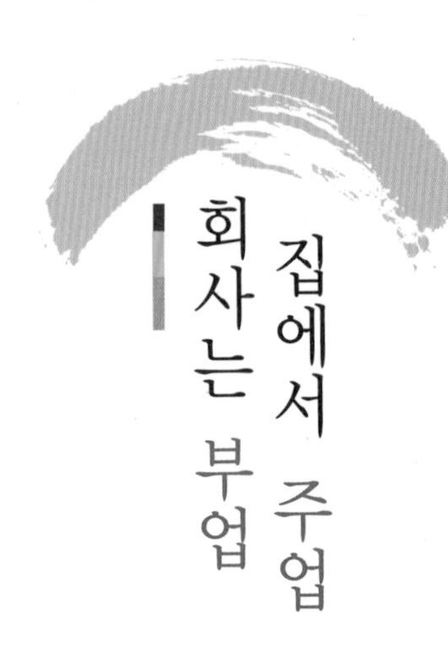

집에서 주업 회사는 부업

요즘 우리나라에서도 투잡족이 유행한다고 한다. 하지만 이 투잡에 관한 한 베트남이 우리보다 훨씬 앞서지 않을까.

베트남의 투잡은 선진국의 투잡과는 다소 다르다. 선진국 형태와는 반대로 회사의 일이 부업이고 집에서 하는 일이 주업이나 마찬가지기 때문이다. 상당수의 베트남인들은 직장 일은 그저 아르바이트처럼 하고 일과 후 제대로 열심히 일을 하는 것이 보통이다. 한두 가지 예를 들어 본다.

한번은 치아에 문제가 있어 치과를 가야 할 참이어서 아는 사람을 통해 의사 한 분을 소개 받았다. 미국에서 치의학 박사 학위를 받았고, 치과의사협회 회장을 지내기도 한 이 분은 베트남에서 가장 유명한 치과의사 중의 한 사람이었다. 주위 사람들의 추천을 받아 국립병원을 찾아갔더니 진료를 원하는 사람들이 장사진을 치고 있었다. 한 시간을 기다리다 못해 간호사를 통해 미리 예약을 했다고 밝히자 원장에게 안내를 해 주었다. 원장은 여기서는 사람이 너무 많아 제대로 진료를 받을 수 없으니 오후 6시 이후 자신의 집으로 찾아 오라며 명함을 주었다.

필자는 이튿날 그의 집을 찾았고 새로운 사실을 알 수 있었다. 그의 집은 현관에서부터 에어컨 시설이 잘 돼 있어 기다리기 편했고 진료실까지의 복도에는 값진 그림들이 걸려 있었다. 두세 명의 손님이 있었으나 원장은 현지인들의 양해를 얻어 필자를 먼저 진료해 주었다. 20여 분 동안 개인적인 얘기까지 나누며 친절한 진료를 받았다. 그의 집에 있는 시설들은 국내 치과병원에 버금갈 정도로 훌륭했고 간호사들도 너무 친절해 국립병원과 비교하면 (좀 과장한다면) 지옥과 천당이었다. 물론 진료 비용도 국립병원과는 큰 차이가 있었지만 모든 것이 너무 다른 데 놀라지 않을 수 없었다. 뒤에 알았지만 이 원장은 병원에서는 하루 8시간, 수백 명을 진료하지만 월급은 고작 400만 동(약 22만 원) 정도라고 한다. 그러면 그가 집에서 받는 진료비는 얼마나 될까? 정확히는 모르지만 인근에 있는 프랑스치과병원의 진료비를 감안하면 최소 500달러는 넘을 것이다.

조금은 도에 넘치는 경우도 있다. 하루는 서울에서 사업차 온 손님을 만났는데 필자가 잘 아는 통역을 대동하고 나왔다. 그 통역은 국내 대기업의 현지 법인에 정식 직원으로 일하고 있는 베트남인이었다. 한국에서 유학을 해 한국어 통역에 능한 그는 나를 보자 멋적은 표정을 지었고 일과 시간에 어떻게 통역을 나왔느냐고 묻자 휴가를 냈다고 변명했다. 그는 그날 회사에는 집에 일이 있다고 거짓말을 하고 돈을 벌기 위해 통역을 나온 것이다. 그의 월급은 600달러가 넘어 베트남인으로는 높은 수준이었지만 통역을 잘 하면 하루에 200달러도 벌 수 있어 유혹을 뿌리치기 어려웠을 것이다.

이처럼 많은 직장인들이 일과 후 다른 직장을 나가거나 개인 업무를 한다. 또는 능력이 있으면 통역이나 남을 가르치기도 한다. 이에 대해 정부나 해당 기관은 전혀 관여하지 않는다. 정부에서 지급하는 월급이 생활을 하는 데 흡족하지 않으니 어쩔 수 없는 현상이라는 주장이다. 그러나 일부 꽤 많은 젊은이들은 이를 이용해 많은 돈을 벌려다 직장을 잃는 경우도 있다. 한 국내기업의 현지법인에 근무하는 베트남 직원은 부인과 다른 일을 하다 결국 근무태만으로 잘리고 말았다.

최근 들어 베트남 기업들도 경쟁이 심해지면서 근무시간이 늘어나고 급여도 높아져 투잡이 줄어들고 있지만 일부 젊은이들 사이에는 아직도 회사 업무보다 개인 업무를 더 중요시 여기는 경우가 적지 않다.

베트남이 선진국으로 도약하기 위해서는 회사에 대한 충성심을 높이는 것도 필수요건 중의 하나가 아닐까.

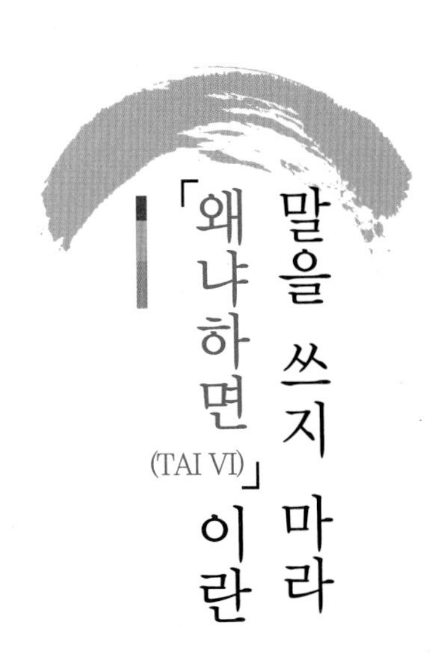

「왜냐하면(TAI VI)」이란 말을 쓰지 마라

베트남에서 일을 하다보면 'tai', 또는 'vi', 또는 'tai vi' 라는 말을 자주 듣게 된다. 특히 한국과 베트남의 합작법인인 경우에는 함께 근무하다보면 가장 자주 듣는 말 중에 하나다. 이 말은 따로 쓰기도 하고 함께 쓰이기도 하는데

모두 우리말로 '~때문에' '왜냐 하면' 이란 뜻이다. 보통 어떤 일에 대해 구체적인 이유를 설명할 때 많이 쓰인다. 제일 많이 쓰이는 경우는

잘못에 대해 변명할 때다.

2000년대 초 LG전자의 법인장을 맡았던 성낙길 사장은 어느 날 직원들을 모아놓고 "앞으로 'tai vi' 라는 말을 자주 쓰는 직원들에게는 근무평가에서 불이익을 주겠다"고 선언했다. 한국 직원들은 그 이유를 이해했지만 현지 직원들은 술렁이기 시작했다. 성 법인장이 법인장으로 부임한 후, 회의를 할 때마다 베트남 직원들은 한국기업의 공격적인 사업방식을 이해하지 못해 '안 된다' '어렵다' 는 말만 되풀이했고 주어진 임무를 시도해보지도 않고 변명만 늘어놓았기 때문이다. 또 잘못을 고쳐 잘하게 하려 해도 이를 받아들이려는 노력보다는 안 되는 이유만 대려 했다. 이래서는 이들에게 한국식 경영방식을 전수할 수 없다고 판단한 성 법인장은 한동안 이들에게 이유를 대지 말고 무조건 따라하라는 뜻에서 위의 결정을 내린 것이다.

이러한 결정을 내리자 베트남 측 직원들은 한동안 말도 안 하고 한국 직원들이 하는 대로 묵묵히 따라만 했다. 두어 달이 지나자 불가능하리라고 생각했던 새로운 시장이 생기기 시작했고 실적도 올랐다. 베트남 직원들은 비로소 무리라고 생각했던 한국식 업무방식에 대해 이해하기 시작했고 성 법인장의 방침이 옳았음을 깨달았다.

석 달 후 성 법인장은 모든 직원들이 모인 가운데 지난 석 달간의 실적표를 놓고 그 동안 어렵다는 말 대신 묵묵히 따라와 준 현지 직원들에게 고마움을 표시하며 상당액의 보너스를 지급하겠다고 밝혔다. 그날부터 'tai vi' 에 대한 사용금지 조치가 풀렸음은 물론이다. 그러나 그 후 어느 누구도 '왜냐하면' 을 쓰는 직원은 없었다.

위의 예는 새로 부임한 법인장이 한국식 경영방식을 잘 모르는 베트남 직원들에게 이를 알려주기 위해 썼던 하나의 방편에 불과하다. 실제로는 'tai vi'를 쓰는 그들의 문화에 대해 거스르려 하기보다 이해하려 해야 한다. '왜냐하면'을 자주 쓰는 것은 그들의 오랜 역사에서 비롯됐기 때문이다.

그들은 18세기부터 프랑스식 문화를 접했다. 처음 교육을 받기 시작한 것이 프랑스 식민 시절이었고 그들은 동양식 주입 교육이 아니라 토론문화를 배웠다. 1950년 사회주의가 시작되면서 그들의 대화문화는 역시 토론을 통해 결과를 만들어내는 방식이었고 어릴 때부터 자신을 적극 표현하는 교육을 받았다.

오래 전부터 베트남 TV의 장수프로그램으로 방영되고 있는 '올림피아드를 향하여'는 우리 기업이 후원해 진행하는 것으로 '장학퀴즈'를 모방해 만들었다. 이 프로그램은 진행방식이나 무대 장치 등이 장학퀴즈와 거의 비슷하나 문제는 매우 다르다. 우리는 암기식의 단답식 문제를 중심으로 하는 데 반해 그들의 문제는 해답을 알아내는 과정과 그 이유를 설명하는 것으로 돼 있다. 답을 알아도 그렇게 되는 이유를 설명하지 못하면 소용이 없다. 이것이 바로 그들과 우리의 차이다.

우리는 유교적 사상으로 인해 상대 앞에서 자신의 주장을 강하게 피력하는 것을 기피해 왔다. 특히 어른이나 상급자 앞에서는 설령 내 의견이 맞다 하더라도 가급적 상대의 의견을 존중하는 것을 미덕으로 삼았다. 그러나 베트남에서는 다르다. 그들은 자신의 의견이 맞는다고 생각하면 상대가 자신의 인사권을 쥔 상사라 할지라도 끝까지 주장을 굽히지 않는다.

한국에서는 나이 어린 여직원이 자신의 주장을 끝까지 주장할 리도 없지만, 그렇다 하더라도 상사가 인상을 쓰든지, 소리 한 번 질러버리면 상황은 끝난다. 그러나 베트남 직원들은 이를 이해하지 못한다. 인상 쓰고 소리를 질러봤자 이상한 사람만 될 뿐이다. 그렇다고 상사 체면에 여직원과의 논쟁은 더욱 못할 노릇이다. 그러나 그들은 이러한 논쟁을 아무렇지도 않게 생각한다.

그들이 '왜냐하면'을 자주 쓰는 이유는 또 있다. 베트남어의 문제다. 베트남어는 1651년 천주교를 전파하기 위해 베트남에 온 프랑스 신부 알렉산드르 드 로데가 만들었다. 로데는 베트남인들에게 성서를 가르치려 했으나 마땅한 글이 없자 중국어와 토속어, 프랑스어 등을 합쳐 모음 11자와 자음 19자의 영어 알파벳으로 된 베트남어를 만들었다.

그러나 중국어와 토속어를 종합하고 알파벳을 빌려 만든 베트남어는 어휘가 그다지 다양하지 못하다. 예를 들면 한글은 색깔을 묘사하는 말만 해도 수십 가지가 있고, 화난 감정 상태를 표현하는 데도 여러 가지가 있지만 베트남어는 표현이 단순하다. 그래서 어떤 단어를 더 정확하게 나타나기 위해서는 우회적인 표현이 필요하다.

베트남에 사는 한국인들은 베트남인들이 말이 많다고들 하는데, 이는 어휘가 다양하지 않아 부가 설명을 많이 하기 때문이다. 물론 더 큰 이유는 그들이 말하기를 좋아하고 누구와 만나도 쉽게 친해지는 특성 때문일 것이다.

기사인줄 알았는데 의사

지금은 다소 달라졌지만 필자가 처음 특파원으로 부임했던 2000년만 해도 베트남 사회에서 운전기사들의 위상이 매우 높았다. 그 위상을 잘 설명하는 것이 바로 '기사인줄 알았는데 의사였다'는 에피소드다. 실제 얘기인지 알 수는 없지만 베트남인들 간에는 잘 알려진 얘기다.

한 직장 여성이 선보러 나갔는데 상대 남성이 당초 전해 들었던 운전기사가 아니라 의사였단다. 실망한 여성은 곧 자리를 박차고 나왔다는 얘기다. 우리나라에서는 말도 안 되는 얘기지만 예전 베트남에서는 있을 법한 일이다.

베트남에서 운전기사가 인기 있는 가장 큰 이유는 높은 급여 때문이다. 자동차가 그리 많지 않던 2000년대 초만 해도 평균적으로 운전기사 월급이 의사 월급보다 많았다. 당시 자가용을 갖고 운전사를 고용하는 사람은 외국인 사업가이거나 고위 공무원들이 대부분이었다. 따라서 이들과 함께 일을 하는 운전사는 당시 다른 직종에 비해 꽤 많은 150달러 정도의 급여를 받은 반면, 대부분 국립의료원 등에 근무하는 의사들의 급여는 100달러 내외였다.

또 운전사들은 직업상 많은 부수입을 올릴 수 있었다. 외국인이나 고위 공무원과 함께 일하다보니 그들로부터 얻는 것이 많고 일부 운전사들은 근무 외 수입과 부정 수입으로 월급에 버금가는 돈을 챙기기도 했다. 당시 운전사들은 기름값이나 부품값 등을 부풀려 주인으로부터 상당액을 얻어냈고 쉬는 날에는 이따금 자가용으로 부수입을 올리기도 했다. 베트남은 집안에 차고가 없어 운전기사가 차를 공공장소에 맡기고 찾아오는 경우가 많아 이런 일이 가능했다.

두 번째 이유는, 운전기사는 학력이 높고 집안이 좋은 사람들이 많았다. 일반인들은 차량과 접할 기회가 없어 운전을 배울 수 없었다. 그래서 운전을 할 줄 아는 사람들이 수적으로 그리 많지 않고 그러다보니 전반적인 지위도 상당히 높은 편이었다. 또 운전기사는 고위층을 보좌하거나 외국인을 돕기 위해 어느 정도 상식을 갖춰야 하고 외국어도 할 줄 알아야 했다. 이렇다 보니 당시 운전기사의 수준은 의사보다 나으면 나았지 못할 게 없었다.

이에 비해 의사는 개인 의료가 허용되지 않아 대부분이 국립의료원에 소속된 공무원이었다. 베트남의 의료수준은 아주 낮은 반면 환자는 끝이 없어 중노동 중의 중노동이었다. 일부 의사들이 집에서 비밀 의료행위를 하는 일도 있지만 예전엔 그리 많지 않았다. 그리고 근본적으로 베트남에서 의료행위는 정부가 해 주는 것으로 돼 있어 비용이 아주 싸기 때문에 의사가 돈을 벌기는 어려운 형편이었다. 이런 당시의 상황으로 볼 때, 기사를 만나러 나갔다가 의사를 보고 실망한 여성이 충분히 있을 수 있다.

그러나 운전기사가 다 학식 있고 좋은 사람들만 있는 것은 아니다. 국내에서도 마찬가지지만 베트남에서도 운전기사는 요주의 인물 중의 하나다. 특히 회사나 개인의 비밀을 얘기할 때 운전사는 피하는 게 좋다.

지금은 다소 달라졌지만 외국인이 많지 않던 2000년대 초반만 해도 외국인과 근무하는 운전사와 비서는 근무 보고서를 쓰는 경우가 많았다. 우리의 경찰과 국정원을 합친 형태인 공안부는 당시 외국인과 외국인 기업을 특별관리하고 있었는데 기업을 관할하는 경제 공안이나 지역을 관할하는 공안이 직접 외국인을 만나 동정을 알아보는 경우도 있지만 대부분은 운전사나 비서가 정기적으로 내는 보고서를 통해 정보를 얻어냈다.

따라서 베트남에서 생활하는 외국인은 알려져서는 곤란한 정보가 있다면 비서나 운전사가 알게 해서는 곤란한 일이 생길 수 있다. 한번은 손님이 와서 하롱베이를 다녀왔는데, 며칠 뒤 우리 사무실 지역을 담당하는 경제 공안이 필자를 만나자마자 "하롱베이에는 잘 다녀왔느냐"고 인사를 건넸다. 깜짝 놀라 "어떻게 알았느냐"고 묻자 그는 "어떤 한국인에게 들었다"고 얼버무렸으나 운전사나 비서에게서 정보가 흘러나갔음은 능히 짐작할 수 있었다. 일부 한국인들 중에는 말을 듣지 않는 운전사를 해고했다가 공안으로부터 시달린 경험도 있다.

택시 운전사들도 조심해야 할 상대 중의 하나다. 관광객들은 말할 것도 없고 현지에 익숙지 않은 사람들은 택시를 탈 때 조심해야 한다. 일부 운전사는 외국인이 타면 백미러를 통해 먼저 그 사람을 면밀히 주시한다. 우선 어떤 사람인가를 체크한 다음 말을 시켜본다. 베트남에 대해 잘 아는 사람인가를 시험해보는 것이다. 베트남어를 전혀 못하고 현지 물정도 모르는 듯하면 먼 길로 돌아가거나 요금을 속이기도 한다.

베트남 택시의 미터기에는 천 동 단위로 표시가 돼 있다. 기본요금이 9천 동이라면 9.00으로, 2만5천 동이라면 25.00으로 표시된다. 외국인들은 헷갈리기 십상이다. 어떤 운전사는 2만5천 동(약 1.5달러)이 나온 요금을 25만 동(약 15달러)이라고 말한다. 만약 관광객이 밤늦은 시각에 술을 먹고 택시를 탔거나 졸았다면 25달러라고 우기는 일도 있다. 택시를 타는 관광객들은 택시 미터기가 1천 동 단위로 되어 있으며 베트남은 숫자를 표기할 때 천동 단위로, 우리가 쓰는 쉼표(,) 대신 마침표(.)를 찍는다는 것을 반드시 알아둬야 한다.

또 관광객들이 택시 운전사에게 가라오케를 소개해달라고 하면 바가지를 씌울 가능성이 매우 높다. 특히 호텔 근처에 진을 치고 있는 운전사들은 "좋은 술집을 소개해 주겠다"며 관광객을 유인한 뒤 자신들과 연계된 술집으로 안내한다. 이곳에 가면 주인은 운전사에게 알선료를 주는 대신 관광객에게는 정상요금의 10배 이상 바가지를 씌운다.

좋은 가정부와 나쁜 가정부

베트남에 사는 외국인들에게 가정부는 거의 필수적이다. 주부들이 할 일도 없을 텐데 가정부가 왜 필요하냐고 묻겠지만 현지 생활에 익숙지 않은 주부들이라면 가정부를 채용하는 것보다 더 큰 손해를 볼 수도 있다.

베트남어를 할 줄 알고 장기간 현지 생활을 한 사람이라면 별 문제가 없겠지만 베트남 생활이 처음인 주부들에게는 밖으로 나가는 것 자체가 모험이다. 지금은 대형 슈퍼마켓이 많이 생겼지만 몇 년 전까지만 해도 시장에서 물건을 사야했는데 어떤 물건을 어디에서 살지부터 걱정거리였다. 설사 파는 곳을 안다 해도 영어를 모르는 상인들에게 무슨 말로 어떻게 물건을 살 것이며, 그들이 속이려 할 경우 어떻게 알 수 있겠는가?

그래서 대부분의 한국 가정에서는 가정부를 채용한다. 월급이 많다면 재고해보겠지만 한국에 비하면 많이 싼 편이어서 부담 없이 가정부를 고용한다. 현재 하노이 시내의 가정부 월급은 평균적으로 100~150달러 선이지만 가정부의 역할과 근무 형태에 따라 다르다.

우선 가정부는 그 역할부터가 다양하다. 일주일에 몇 번 와서 청소를 해주는 가정부에서부터 매일 오되 청소와 빨래만 해주는 가정부도 있고 전일 근무로 식사준비에서부터 집안의 모든 일을 해주는 가정부도 있다. 집안에 돌봐야 하는 아기나 환자가 있을 경우에는 아예 집에서 같이 사는 가정부도 있다. 한국 가정에는 거의 없지만 단신 부임한 일본인은 가정부와 애인 역할을 함께 하는 경우도 있다고 한다.

일본의 경우, 베트남에 파견인을 보낼 때 위험지역이라 해서 보통 근무기간을 1~2년으로 잡는다. 또 일본은 공무원이나 회사나 해외 파견인에 대해 특례입학이 없어 자녀들을 대동하는 일이 거의 없고, 때문에 부인도 없이 단신 부임하는 경우가 많다. 따라서 가정부는 필수며 젊은이라면 애인도 필요할 것이다. 이를 노리는 가정부들도 있다. 용모가 뛰어나고 일본어나 영어를 할 줄 아는 젊은 여성들은 가정부와 애인 역할을 함께 해주고 월 수백 달러의 월급을 챙기기도 한다.

이처럼 그 역할이 다양한 만큼 가정부의 연령층도 천차만별이다. 우리는 40~50대 아주머니들이 대부분이지만 베트남은 다르다. 베트남 가정에서 아기를 봐주는 경우에는 10대 소녀들도 있다. 이들은 그 가정과 친척 관계이거나 연고가 있는 소녀가 시골에서 올라와 함께 숙식을 하며 아기를 돌봐주고 야간에는 공부를 하는 경우가 많다. 시간제로 청소와 빨래를 하는 가정부는 젊은 대학생이 대부분이다. 이들은 하루 몇 시간 근무를 하거나 격일제로 일하며 남는 시간에는 학교를 가거나 공부를 한다.

전문 가정부들은 20대 후반부터 30대 후반이 많다. 이들은 보통 한국말을 어느 정도 알아듣고 한국 음식도 만들 수 있다. 전문 가정부들은 그들끼리 교류를 하며 한국의 어느 가정에 무슨 일이 있는지, 그 집의 가족 상황은 어떻고, 심지어는 무슨 문제가 있는지까지 서로 알고 지내는 경우도 있다. 이들은 만약 근무 여건이 좋고 돈이 많이 생기는 집이면 미리부터 자기들끼리 다음 순서를 정한다고 한다.

그렇다면 그들이 선호하는 가정은 어떤 가정일까? 첫째는 주부가 없는 집이다. 남자만 있는 집은 월급도 후하게 주고 반찬값을 따지지도 않는다.

대우 계열사의 법인장을 맡았던 김 사장은 고2 아들과 함께 대우 아파트에서 살고 있었다. 그가 한국 음식도 곧잘 만드는 가정부에게 주는 월급은 100달러였지만 한달 식료품비는 500달러 수준이었다. 그는 집에서 거의 식사를 안 했지만 아들에게는 맛있는 음식을 먹어야하기 때문에 식품비에는 돈을 아끼지 말라고 가정부에게 당부했었다. 아들에게 물어보니 가끔 고기도 먹고 음식도 먹을 만하다고 했다. 가정부는 김 사장에게 잘했고 물건을 사면 영수증도 잘 챙겨왔다.

그러다 김 사장의 아내가 베트남에 왔다. 식료품비가 비싸다는 생각을 한 아내는 가정부와 함께 물건 값을 확인 해보니 영수증에 있던 식료품 값의 절반에도 못 미쳤다. 아내는 영수증을 내밀며 어떻게 된 것이냐고 따졌더니 좋은 걸로 사다보니 값이 비쌌다고 변명했다. 그러나 시장에 그 이상 비싼 물건은 없었다. 아내까지 세 식구가 족히 써도 한달 식료품비는 200달러면 충분했다.

드물긴 하지만 물건이나 돈에 손을 대는 가정부도 있다. 이들은 돈이나 물건을 가져가더라도 아주 조금씩 가져가기 때문에 조심성이 없는 한국인들은 모를 때가 많다.

이 밖에 집안의 화장품 등 값비싼 물건을 내 물건처럼 쓰기도 하고 주인 모르게 다른 집 일을 함께 하는 경우도 있다. 그러나 이러한 나쁜 가정부가 생기는 원인은 한국인들의 무관심이 자초한 결과라는 분석이 지배적이다.

베트남에는 좋은 가정부가 더 많다. 몇 년 전 한 한국 주부가 가정부로부터 돈을 잘 간수하라는 충고를 받았다는 얘기는 유명하다. 평소 물건을 잘 챙기지 않는 성격인 주부 최 씨는 이 날도 잔돈을 탁자 위에 두고 외출을 다녀왔다. 가정부는 최 씨를 보더니 "마담 최, 나도 사람인데 돈을 보면 가져가고 싶어요. 제발 내가 보이지 않는 데 두세요"라고 말했다. 최 씨는 고맙다며 가정부를 칭찬한 뒤 주위 사람들에게 이 얘기를 했고 이 말을 들은 사람들은 그 뒤로 돈 간수를 잘 했다고 한다.

국내 대기업의 현지 지사에 근무하는 이 부장의 아들은 중증 장애인이다. 혼자서는 대소변을 보기도 힘들고 학교에 갈 때도 휠체어에 의존한다. 그런 이 부장에게 천사 같은 분이 나타났다. 50대의 할머니 가정부는 이 부장의 집에서 숙식을 함께 하며 5년 동안 아들을 돌봤다. 가족보다도 더 열심히 아들을 간호했다는 것이 이 부장의 말이다. 너무 고마워 이 부장은 귀국 시 할머니를 한국에 초청하려 했으나 할머니는 오히려 자신이 신세를 졌다며 감사해 했고, 자신은 베트남에서 여생을 보내겠다며 거절했다.

이 밖에 젊은 가정부들 중에는 주인을 가족처럼 따르며 성실히 도와주는 경우도 많다. 개인사업을 하는 오 사장은 베트남에서 두 차례에 걸쳐 8년째 살면서 한 명의 가정부와 생활하고 있다. 처음 사업을 시작할 때 학생이었던 가정부가 하도 일을 열심히 해서 학비를 조금 보태 준 것이 인연이 되어 두 번째 베트남 사업을 시작할 때 다시 그 가정부를 찾았고 지금도 딸처럼 돌봐주고 있다고 한다. 이 가정부는 오 사장의 일을 도와주며 집에서는 집사 역할을 하고 있다.

제8부 베트남에서 받은 문화충격

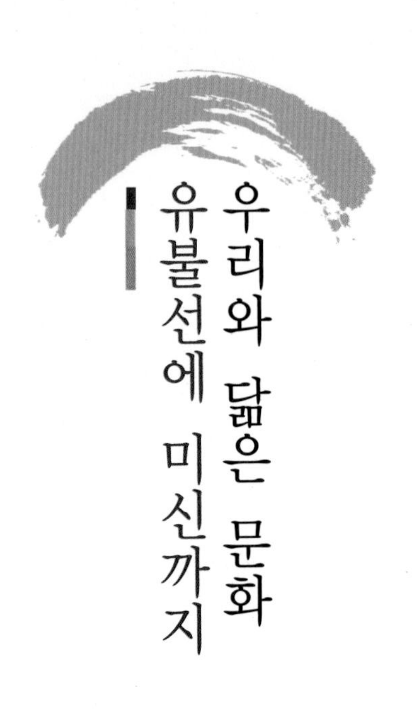

우리와 닮은 문화 유불선에 미신까지

베트남 문화는 분명 중국에서 비롯됐다. 역사적으로 보면 기원전 111년 한 무제가 지금의 베트남 북부인 남 비엣(南越)을 정복한 후 939년 독립된 응오 왕조가 창설될 때까지 무려 1000년 동안 중국의 일부였다. 그런 만큼 모든 문화의 밑바탕은 중국이다.

10세기 들어 진정한 베트남 첫 왕조로 꼽히는 리 왕조도 중국의 유교 사상을 그대로 받아들였고 이러한 문화는 18세기 후반 프랑스 문화가 들어오기까지 또 다른 1000년을 지배했다. 결국 베트남의 문화는 무려 2000년을 중국 문화의 아류로 성장해 온 셈이다.

그러나 베트남은 홍강 델타에서 메콩 델타까지 남하하면서 인도문화와 남방문화를 흡수하기 시작했다. 17세기 중부지방을 차지하고 있던 참파 왕국을 정복하면서 인도문화를 받아들였고 캄보디아의 메콩 델타

를 차지하면서는 동남아의 독특한 남방문화까지 흡수했다.

베트남은 남북으로 2천km에 이르는 긴 영토에 중국과 인도 남방문화를 골고루 보존하고 있다. 북부 하노이에는 과거를 보던 최초의 대학인 반묘(文廟)가 베트남을 찾는 VIP들이 반드시 찾는 명소로 자리잡고 있고 크고 작은 사당과 사찰들이 하노이 시내와 외곽에서 시민들에게 마음의 안식을 제공한다. 중부 지방의 미선 지역에는 참파 문화가 남아 있고 다낭에는 참파민족박물관이 당시의 화려한 문화를 보여준다.

캄보디아 남쪽에 있는 메콩 델타에는 북쪽이나 중부의 문화와는 달리 방콕이나 말레이시아에서 온 듯한 남방문화가 펼쳐진다. 강줄기를 따라 형성돼 있는 허름한 집들이나 다소 게으른 듯한 주민들의 생활은 모두 남방문화의 전형을 보여준다. 사찰들도 북부의 형태가 아니라 뾰족한 첨탑들이 늘어선 크메르와 타이의 건물 양식이다.

그러다가 1883년 프랑스의 보호령으로 서양 문화를 가미하게 된다.

프랑스가 점령하자 베트남의 순수한 농어촌 문화는 서양의 개인적인 문화와 충돌을 일으킨다. 그 결과 공식적인 업무가 이루어지는 회사나 직장에서는 개인주의적인 사고가 접목되나 가정에서는 여전히 옛 동양 문화가 남아있는 이중적 문화가 형성된다.

1953년 디엔비엔푸 전투에서의 승리로 프랑스의 속박에서 벗어나지만 북베트남에 사회주의 공화국이 들어서고 1975년 북에 의한 통일이 완성되면서 새로운 사회주의 문화로 돌변한다. 사회주의 베트남의 문화는 그들에게 공동체 의식을 심어주었으나 한편으로는 잘살아 보겠다는 의욕과 창의력 부족으로 국제 경쟁사회에서 뒤처지는 결과를 가져오기도 했다.

이처럼 베트남의 문화는 파란만장한 역사적 경험을 거치면서 많은 변화를 보여 왔지만 그들의 생활에는 근본적인 유불선 문화가 그대로 존재한다.

베트남의 가정에 가보면, 집안의 가장 중요한 장소에 조상의 위패를 모신 작은 사당을 볼 수 있다. 그들은 아침 출근을 할 때 이 사당에 예를 갖추고 저녁에 퇴근해서 다시 두 손을 모아 예를 드린다. 이 사당은 비단 집에만 있는 게 아니다. 회사에도 있고 최첨단 빌딩에도 있고 사람이 있는 곳이면 어디에나 있다. 불교인이든 기독교인이든 누구라도 할 것 없이 사당을 모신다.

그들은 또 유일한 명절인 설(Tet, 떼뜨)을 전후해서는 인근의 절을 찾아 조상과 가족들의 안녕을 빈다. 그들이 절을 찾는 이유는 불교도이기 때문이 아니다. 종교에 관계없이 그저 인근에 절이나 사당이 있으면 그곳은 자신과 가정의 행복을 비는 장소가 된다.

명절을 즐기는 방법 또한 우리와 크게 다르지 않다. 떼뜨에는 아무리 멀리 있어도 고향을 찾아 가족과 함께 제를 지내고 조상의 묘소를 찾는다. 정성을 다해 준비한 떡(뱅정)과 고기를 이웃과 나눠 먹고 제사를 지낸 후에는 이웃 어른들에게 세배를 한다. 이때 반드시 세뱃돈(멍 뚜어이, mung tuoi)을 주는 것도 우리의 풍습과 같다. 굳이 다르다면 우리는 어른이 어린 이들에게 세뱃돈을 주지만 베트남은 어른 아이 할 것 없이 서로 세뱃돈을 교환하며 덕담을 나눈다. 세배가 끝나면 마을 사람들이 함께 모여 제기차기를 하거나 연날리기를 하는 것도 흡사하다. 대보름에는 달집을 지어 태우는 것도 볼 수 있다.

독특한 문화로는 설을 앞두고 매화나무와 복숭아나무, 작은 귤나무를 선물하는 것이다. 매화나무는 봄을 재촉하고 복숭아나무는 붉은 색으로 액운을 물리치며 작은 귤나무는 다닥다닥 붙어있는 귤처럼 많은 재물이 들어오라는 의미를 갖고 있다고 한다.

베트남인들은 결혼식과 장례식에 온갖 정성을 쏟는다. 결혼식이나 장례식은 우리처럼 빚을 내서라도 많은 음식을 장만해 손님들을 모셔야 도리를 다하는 것으로 생각한다. 지금은 호텔이나 회사 강당, 공공장소를 이용한 결혼식이 늘고 있지만 아직도 양가를 오가며 전통 결혼식을 치르는 집들이 적지 않다.

이처럼 많은 비용이 들다보니 참석자들이 내는 축의금 액수도 많아지는 게 당연지사. 평균적으로 친한 친구들은 30~50만 동(20~30달러), 친척들은 50~100만 동(30~60달러)의 축의금을 준비한다. 그들의 월급이 평균 200달러 선이라고 볼 때 매우 큰돈인 셈이다.

장례식은 집에서 하는 경우도 있으나 요즘은 주로 장례식장을 이용한다. 보통 3일장을 지내지만 실제로 조문객을 받는 시간은 제한돼 있어 시간을 맞춰 조문해야 한다. 조문객은 미리 조문을 신청한 뒤 호명을 하면 인솔자와 함께 영정이 있는 상으로 가서 향 한 개를 피우고 손을 모아 절을 한다. 조화는 인솔자가 들고 간다. 이어 상 앞에 모신 시신의 얼굴을 보고 예를 표한 뒤 가족들이 서 있는 곳으로 가서 손을 모아 절을 하면 조문이 끝난다.

베트남에서 한국을 느낄 수 있는 중요한 문화 중 하나는 '점' 이다. 하노이의 대우호텔에서 멀지않은 델라텡 거리에는 점집들이 줄을 지어 성업 중이다. 미아리 점집촌을 연상케 한다. 이 중에서도 유명하다고 소문난 집에는 외제 자가용이 줄을 잇는다. 이런 소문난 점집은 예약은 필수고 보통 며칠을 기다려야 차례가 온다. 그들은 우리보다 더 미신을 믿는다. 이사는 기본이고 취업을 할 때도 대부분 점을 봐서 결정한다. 결혼하기 전 궁합을 보는 것은 물론이다. 한번은 한 베트남 사업가의 사무실을 찾아갔다가 다른 사원들의 책상은 모두 남쪽을 보고 있는데 부장의 책상만 북쪽을 향해 있어 이유를 물으니, 연초 점쟁이가 북쪽에서 행운이 온다고 해서 책상을 돌려 놓았다나.

베트남 사람들은 음식도 가려서 먹는다. 그들도 보신탕을 즐기는데, 반드시 매월 음력 15일 이후에 먹는다. 여자들도 보신탕을 좋아하고 뱀탕이나 원숭이 등 소위 몬도가네 음식을 중요한 사업 파트너에게 대접하는 것을 최고의 접대로 친다.

공원에 가지 마라 밤 9시 이후엔

2000년 2월 베트남에 첫발을 내디딘 필자가 처음으로 문화 충격을 받은 것은 '옴(om, 끌어안기)' 문화였다.

밤늦게 하노이에 도착한 필자는 미리 예약한 대우호텔에서 첫날을 보내고 이튿날 운동을 겸해 아내와 함께 호텔 옆 뚤레공원을 둘러보았다. 그런데 맙소사! 대낮인데도 공원 벤치에는 여기저기서 젊은 남녀들이 끌어안고 애정을 나누고 있는 게 아닌가. 평소 애정 표현이라고는 해 본 적이 없는 경상도 사나이에게는 민망하기 짝이 없는 광경이었다. 그런데 더욱 이상한 것은 어느 누구도 그들을 나무라기는커녕 관심조차 없어 보였다. 공안들이 여기저기서 지켜보는 다소 삼엄한 분위기를 예상했던 베트남 초보로서는 도착과 동시에 컬처 쇼크를 경험한 셈이다.

호텔 앞 왕복 6차선 도로에서도 그들의 '끌어안기'는 쉽게 볼 수 있었다. 오토바이와 자전거로 빽빽이 메워진 도로에서 젊은 남녀들은 온몸을 밀착시켜 끌어안는 것은 물론이고 오토바이가 밀려 잠시 정차한

순간이면 키스신도 심심찮게 보여주었다. 주위에는 그들을 아는 사람이 적지 않을 텐데 오히려 필자가 걱정이 될 정도였다.

얼마 전 이로 인한 문제가 생기기도 했다. 한국대사관에 근무하는 한 여직원이 아침에 사람이 많은 대우호텔 앞에서 키스신을 연출했던 것. 이 여직원은 매일 아침 남자친구의 오토바이를 타고 출근한 뒤 돌아가는 남자친구에게 키스를 했던 것이다. 그런데 이 대우호텔 앞은 대사관은 물론 한국 기업들이 몰려있는 대하빌딩이 있는 곳으로 많은 한국인들이 아침마다 이 광경을 목격했다. 자연히 "그 키스녀가 누구냐"는 관심이 쏟아졌고 대사관 여직원이라는 사실이 알려지자 "한국대사관 직원이 대사관 앞에서 그럴 수 있느냐"는 비난이 쏟아졌다. 결국 담당부서에서 그 여직원에게 완곡한 경고를 내렸다. 그 직원은 그 일 때문인지는 알 수 없으나 몇 달 후 스스로 대사관을 떠났다.

그러나 이것은 약과다. 해가 서산을 넘어가 어둠이 찾아오면 공원들은 젊은이들의 숨소리로 가득하다. 사람들이 무수히 지나다니는 공원의 산책길도 그들만의 보금자리인 양 입술과 온 몸을 밀착시키고 떨어질 줄 모른다. 그래서 베트남에는 '밤 9시 이후엔 공원에 가지 마라'는 의미심장한 말이 있다. 9시 이후 공원은 젊은이들에게 양보하라는 뜻이런가.

성에 관한 한 동양적 사고보다는 서구와 남방문화에 가까운 베트남은 애정 표현을 비교적 쉽게 하는 편인데 공원이 아니면 마땅히 표현할 장소가 없다. 비좁고 공개된 공간에 3대가 엉켜 사는 베트남 사람들은 어릴 적부터 가정에서 어른들의 성을 보고 자라서 우리보다 일찍 성에 대해 눈을 뜨고 성에 대한 터부가 적은 편이다. 그들이 일찍 자고 새벽 일찍 일어나 밖으로 나오는 것은 에너지 절약과 더위를 피하기 위한 이유 등도 있겠지만 가정의 성 문제를 서로 해결해주기 위해서라는 주장도 있다. 요즘은 이런 문제 때문인지 여관(nha nghi)들이 많이 생기고 있다.

이러한 베트남의 끌어안기 문화는 꽤 오래된 전통문화로 알려지고 있다. 옛날부터 중국, 프랑스, 일본 등의 지배나 침략을 받았으며 숱한 전쟁을 치렀던 베트남은, 가족들의 안녕을 확인하는 차원에서 이 문화가 생겼다는 설이 있다. 항상 불안하고 가난한 생활을 해 왔던 그들에게 가족들과의 끌어안기는 삶을 확인하는 행위임은 물론 끝까지 살아남자는 무언의 약속이기도 했던 것이다.

또 일각에서는 그들의 기후와 체질이 '옴 문화'를 만들었다고도 주장한다. 더운 날씨 때문인지 그들은 조금만 기온이 내려가도 추위를 탄다. 또 그들의 피는 우리에 비해 차갑다고 한다. 특히 북중부 지역은 겨울이면 기온이 상당히 내려가지만 그들의 집은 바람이 술술 들어올 정도로 엉성하고, 난방시설은 고사하고 이불조차 제대로 갖춰있지 않은 경우가 대부분이었다. 추위를 이기는 방법은 오직 식구들끼리 끌어안고 견디는 것이었다. 그들은 혼자 잘 때 대부분 베개를 끌어안고 잔다는 얘기가 있는데 아마도 이러한 습관 때문이 아닐까.

옴 문화는 '세옴' '비어옴' '가라오케옴' 이라는 파생어를 낳기도 했다. 특히 세옴은 외국인들도 자주 이용하는 것으로 오토바이로 택시와 같이 손님을 태워다 주는 것을 말한다. 오토바이를 타다보면 자연히 운전사를 끌어안을 수밖에 없기 때문에 붙여진 이름이다. 비어옴이나 가라오케옴은 끌어안을 수 있는 여종업원이 있는 맥주집이나 가라오케라는 뜻이다. 베트남의 옴 문화는 그들 생활의 일부며 살아가는 방식의 일부인 듯하다.

차등문화 「외국인은 봉」

베트남에는 아직도 외국인과 내국인의 차등문화가 있다. 지금은 덜하지만 필자가 처음 특파원으로 부임했던 2000년에만 해도 외국인과 내국인은 엄격히 구분돼 있었다.

가장 두드러지는 차이는 교통요금이었다. 항공과 기차, 버스 등의 외국인 요금은 현지인 요금의 두 배나 됐다. 하노이와 호찌민 간 항공료가 2000년대 초 외국인은 200달러가 넘었으나 내국인은 100달러에도 못 미쳤다. 그동안 여러 차례 조정을 거쳐 지금은 격차가 많이 줄었다. 외국인 요금은 그대로 두고 현지인 요금을 인상하는 방식으로, 현재는 외국인 요금이 30% 정도 비싸다. 기차와 버스 요금의 차이 또한 2000년대 초반보단 많이 줄었지만 아직도 상당한 차이가 있다.

각종 공공요금에도 외국인과 현지인의 차이는 크다. 자동차를 산다든가 등록할 때도 외국인이 부담해야 하는 돈은 현지인의 몇 배다.

무엇보다 큰 차이를 보이는 것은 관광지 입장료다. 하노이를 찾는 외국인들이 가장 많이 찾는 반묘의 경우 입장료가 내국인은 몇 천 동에 그치지만 외국인은 몇 만 동을 내야 한다. 다른 관광지도 요금 차가 많게는 10배에 이른다. 외국인에 대한 차등 요금은 왜 생겼을까?

이에 대해 베트남 정부의 한 관계자는 "내국인들은 세금을 꼬박꼬박 내왔고 특히 사회보장기금을 내고 있는데 반해 외국인들은 베트남에 오자마자 모든 혜택을 누리고 있으니 당연히 더 많은 비용을 내야 한다"고 주장한다. 그러나 실제로 베트남인들이 국가에 내는 세금은 그리 많지 않으며 사회보장기금도 실직했을 때나 은퇴 후에 자신들이 받아 쓰는 돈이기 때문에 납득할 만한 이유라고 보기엔 무리가 있다. 오히려 외국인들이 베트남에 더 많은 세금과 비싼 생활비를 부담하고 있다.

다만 한 시민이 주장하는 이유에는 수긍이 간다. 그는 "외국인이 베트남에서 살려면 그만한 비용을 지불해야 하고 외국인은 상대적으로 돈이 많으니 현지인에 비해 많은 비용을 내도 무방하다"는 것.

사실 이러한 요금 차이보다 더 심각한 것은 외국인에 대한 베트남 사람들의 인식이다. 필자가 느낀 바로는, 그들은 외국인에게는 얼마든지 웃돈을 받아도 괜찮다고 생각하는 것 같다.

2000년대 초반 한 베트남인이 자신의 집으로 필자를 초대했다. 필자는 베트남인들이 꽃을 좋아한다는 말을 듣고 꽃다발을 사가려고 한 꽃가게에 들렀다. 그런데 그 꽃가게에서는 장미 한 송이에 1달러를 요구했다. 다른 데 같으면 다섯 송이를 살 수 있는 돈이었다. 하도 어이가 없어 운전사를 불렀다. 운전사는 꽃집 주인에게 아무리 외국인이지만 그렇게 바가지를 씌우는 것은 너무하지 않느냐고 나무랐다. 그러자 주인 아주머니는 갑자기 소리를 지르며 운전사를 몰아세웠다. 당시만 해도 필자가 베트남어를 잘 몰라 정확한 뜻을 알기는 어려웠으나 대강의 내용인즉, "너는 어느 나라 사람이냐? 내가 돈 많은 외국인에게 조금 비싸게 판들 네가 무슨 상관이냐? 외국인에게 월급 받는다고 네가 베트남 사람인 것을 잊어서는 안 된다"라는 말이었다. 당황한 운전사는 다른 가게로 가자고 했다. 다른 가게에서 필자는 차 안에 그대로 있고 운전사가 가서 꽃다발을 샀다. 장미 열 송이를 3달러에 샀으니 앞의 가게에 비해 세 배 이상 싼 셈이었다.

화폐 단위를 잘 모르는 외국인을 속여먹는 일도 많다. 두 번째 임기 때인 2007년께다. 아내와 함께 시장에서 야채를 사던 중이었다. 필자는 멀찌감치 떨어져 있고 아내 혼자 감자를 샀다. 한 근이 6천 동(약 400원)이라고 했다. 베트남 말을 잘 모르는 아내가 10만 동(약 6천원)짜리를 내밀자 슬며시 필자의 눈치를 보더니 4만 동을 거슬러주었다. 눈치를 챈 필자가 왜 4만 동만 내주냐고 하자 한 근이 6만 동이란다. 금세 열 배가 뛰었다. 방금 6천 동이라 해놓고 6만 동을 받느냐고 언성을 높이자 '베트남 말을 어떻게 그리 잘 아느냐' 는 듯 웃으며 "나는 그래도 6만 동을 받을 테니 사기 싫으면 다른 데 가서 사라"고 하는 것이 아닌가.

이들은 이렇듯 남을 속이다가 발각이 되면 싱긋 웃어넘길 뿐 여간해서 잘못을 시인하지 않는다. 결국 우리는 바로 옆 가게에서 6천 동을 주고 감자 한 근을 샀는데 속임수를 쓰려던 그 아주머니는 내게 '외국인이 대단하다'는 표정을 지어보였다.

앞에서 '세옴'이라는 말을 한 적이 있다. 세옴은 영업용 오토바이를 말한다. 베트남인들의 집은 긴 골목을 따라 다닥다닥 붙어있기 때문에 택시가 들어갈 수 없는 곳이 많다. 이런 곳을 오갈 때는 택시보다 세옴이 제격이고 값도 싸다. 그러나 문제는 세옴을 탈 때도 가격을 흥정해야 한다는 것이다. 보통 베트남 사람들은 가격을 흥정하지 않고 내릴 때 적당히 알아서 준다. 그러나 외국인이 그랬다가는 돈을 뜯길 우려가 있으므로 반드시 타기 전에 "어디까지 얼마에 가자"고 확실하게 흥정해야 한다.

이러한 문화 때문인지 베트남인들은 외국인들을 두려워하지 않는다. 우리나라 사람들은 길거리에서 외국인을 만나면 혹시라도 말을 걸어올까 봐 슬슬 피하기도 하고 상인들도 외국어를 잘하지 못하면 아예 물건 팔 생각을 안 한다.

그러나 그들은 다르다. 영어 한 마디를 못해도 그냥 자기네 말로 말을 건다. 아마도 전쟁을 통한 외국인들과의 잦은 접촉이 그들에게 외국인 공포증을 없애준 것이 아닐까 하는 생각이 든다.

오토바이는 재산목록 1호

베트남인들에게 가장 필요한 한 가지를 고르라면 아마도 전체 인구의 절반 이상이 오토바이라고 답할 것이다. 그만큼 베트남인들에게 오토바이는 없어서는 안 되는 필수품이다. 예전에는 자전거가 지금의 오토바이 역할을 했었는데 최근 들어 소득이 높아지고 값싼 중국산 오토바이가 몰려들면서 이제는 사치품이 아닌 필수품이 됐다.

2000년대 초반까지만 해도 베트남 거리에는 오토바이보다 자전거가 더 많았다. 흰 아오자이를 입고 고깔 모양의 논(non)을 쓴 여학생들이 자전거 행렬을 이루며 거리를 휩쓸었다. 그러나 지금은 하노이나 호찌

민 등 대도시에서는 이러한 풍경을 보기 어렵다. 이제는 학교 근처에서나 자전거 행렬을 볼 수 있다. 그리고 10년 전 오토바이가 차지했던 사치품의 지위는 자동차가 대신한다.

2009년 통계를 보면 오토바이의 수가 1천만 대를 넘었다. 가구당 한 대 이상씩 갖고 있는 셈이다. 이러한 통계는 이제 중소도시에도 웬만한 집이면 오토바이가 있고 대도시에는 가구당 두세 대씩 있다는 얘기다. 왜 이처럼 오토바이가 많아진 것일까?

우선, 소득이 높아졌기 때문이다. 2000년 그들의 1인당 소득은 400달러 남짓이었다. 그러나 10년 만에 2.5배가 올라 1천 달러를 돌파했다. 반면 오토바이 가격은 3분의 1로 떨어졌다. 2000년 오토바이의 가격은 일본산이 2천 달러선, 한국산이나 대만산이 1천 500달러선이었다. 그러나 2006년 이후 중국산이 쏟아져 들어오면서 값이 떨어지기 시작했고 최근에는 500달러짜리 오토바이까지 나왔다.

그들이 오토바이를 사야하는 두 번째 이유는 편리성이다. 베트남의 가옥 구조나 도로사정 등을 감안할 때 오토바이보다 편리한 것이 없다. 베트남의 도로는 10년 전에 비해 그리 달라진 것이 없다. 오토바이는 세 배 이상 늘었고 자동차는 20배 넘게 늘어났는데도 도로 사정은 크게 나아지지 않았다. 하노이나 호찌민 시내의 경우 10년 전 10분이면 갈 수 있는 거리가 지금은 20분도 더 걸린다. 이런 상황에서 오토바이는 매우 유용한 교통수단이다. 베트남의 집들은 좁은 골목길을 따라 좌우로 몇 백 미터 또는 몇 킬로미터까지 퍼져 있다. 이런 길에는 택시가 드나들 수 없고 오로지 오토바이만이 갈 수 있다.

그들은 오토바이로 애들을 학교에 보내고 출퇴근을 하며 가정에 필요한 물건을 실어 나른다. 이사를 할 때도 오토바이로 짐을 옮긴다. 베트남에는 대중교통이 최근에 와서야 활성화되고 있다. 시내버스는 2~3년 전부터 이용객이 늘어나고 있으나 아직도 전체 출근자의 80% 이상이 오토바이를 이용한다. 오토바이는 두세 명의 한 가족이 타고 여기저기를 돌며 출근할 수도 있고 집에서 나와 직장까지 곧바로 가는 장점이 있다. 날씨가 더운 베트남 거리에는 우리처럼 걸어서 버스를 타러 가는 사람들이 많지 않다.

세 번째로 오토바이가 중요한 것은 생계수단이기 때문이다. 정확한 통계는 없으나 오토바이로 생계를 이어가는 수는 전 인구의 20% 내외로 추정된다.

가장 직접적으로는 오토바이로 영업을 하는 세옴이다. 세옴은 오토바이만 있으면 다른 부수 장비나 기술 없이 돈을 벌 수 있다. 각종 호텔이나 버스 정류장, 학교 주변 등 세옴은 없는 곳이 없을 만큼 주요한 교통수단으로 자리잡고 있다. 오토바이는 배달운송 수단이기도 하다. 우리나라에도 최근 오토바이를 통한 운송서비스가 활발히 진행되고 있는데 아마도 베트남에서 온 것이 아닌가 생각된다.

마지막으로 오토바이는 레저와 휴식의 수단이다. 많은 베트남 사람들은 마땅한 휴식거리가 없으면 가족끼리 또는 사랑하는 사람과 오토바이를 타고 드라이브를 즐긴다. 베트남 말에 디 처이(di choi)라는 말이 있는데 직역하면 '어디를 간다' 는 뜻이지만 지금은 오토바이를 타고 '놀러 간다' , 또는 '즐기러 간다' 는 표현으로 쓰인다. 더운 여름 날, 집에 마땅한 냉방시설이 없는 그들은 오토바이를 타고 시내를 한 바퀴 돌거나 공원에서 놀며 더위를 식힌다. 오토바이 한 대에 온 가족 4~5명이 타기도 하고 오토바이를 세워 놓고 잠을 자기도 한다. 남녀가 오토바이를 타고 야외나 공원으로 나가면 임시 러브호텔이 되기도 한다니 오토바이의 용도는 가히 무한하다고 할 수 있다.

그러나 이처럼 베트남인들과 떼려야 뗄 수 없는 오토바이도 최근에는 골칫덩이로 여겨지고 있다. 1천만 대가 내뿜는 매연 때문이다. 오토바이들이 내뿜는 유연가스는 마스크를 쓰지 않으면 뒤따라 가는 사람의 입이나 코에 그을음이 묻을 정도로 심각하다.

베트남 정부는 엄청난 매연을 내뿜고 많은 인명사고를 내는 오토바이를 줄이기 위해 노력하고 있으나 그 수는 되레 늘고 있다. 2~3년 전부터 정부는 오토바이의 신규 면허를 내주지 않고 있으나 효과를 보지 못하고 있다. 이유는 정식으로 면허를 받지않은 오토바이가 전체의 절반을 넘고 적발된다 하더라도 적당히 돈만 주면 운행이 가능하기 때문이다.

32년 만에 재연된 남북 사이버 전쟁

1975년 4월 30일, 미국이 남부 베트남에서 완전히 철수함으로써 베트남은 10년간의 전쟁을 마무리하고 남과 북은 하나가 됐다.

그리고 32년이 지난 2007년 말. 사이버 공간에서 남북전쟁이 재연됐다. 전쟁의 발단은 친구를 만나러 하노이를 방문했던 한 호찌민 여대생이 하노이 방문 소감을 웹사이트에 올리면서부터 시작됐다.

이 학생은 "하노이는 아직도 전반적으로 발전이 더디고 식당들은 지

저분했으며 종업원들은 불친절했고 음식도 맛이 없었다"고 적었다. 이 글을 본 하노이의 한 네티즌은 "어떻게 며칠간의 방문으로 하노이를 평가할 수 있느냐, 하노이의 깊이 있는 문화를 알지 못하고 자본주의적 사고로 일방적 비난을 하는 것은 옳지 않다"고 지적했다. 그러자 이 학생은 "다른 사람의 지적을 받아들이지 않고 반박만 하는 건 아직도 옛 때를 벗지 못했기 때문"이라고 공박했다. 이에 하노이의 네티즌들은 일제히 일어나 "북에 의해 식민 지배에서 벗어났는데도 아직도 식민지 근성을 버리지 못하고 있다"고 맹박했다. 남북의 사이버 전쟁은 공식 기관의 사이트까지 동원돼 서로에게 비난의 포화를 퍼부었다.

정부는 뒤늦게 나서 각종 사이트의 비방 글들을 지우고 글을 올리는 자를 엄벌하겠다고 공표했으나 비난전은 한 달 이상 계속됐다. 이 같은 사이버 전쟁은 남과 북이 통일은 됐지만 32년이 지난 지금까지도 인민들 간에는 여전히 앙금이 남아있음을 보여 주는 사례다.

북베트남은 전쟁에서 승자가 됐지만 남북 간의 완전한 통합을 위해 승자의 권한을 행사하지 않고 자치정부를 만들어 자체적으로 전후처리를 하도록 했다. 또 미국과 연계된 인사들에게는 스스로 베트남을 떠날 수 있는 기회를 주었고 설령 국내에 남더라도 숙청하지 않고 교육과 노동으로 교화시켰다. 즉, 월맹은 남베트남과 총칼을 맞대고 싸웠지만 같은 민족임을 감안, 강력한 처단보다는 함께 전후 조국을 이끌어나가는 방안을 택했다.

이러한 베트남의 정책 방향은 표면적으로는 비교적 큰 어려움 없이 지속됐으나 남부 베트남인들에게는 알게 모르게 불만이 쌓여 왔다. 가장 큰 불만은 북측 인사들이 남쪽의 각종 요직을 독차지 했다는 것. 또 북측과는 달리 자본주의 노선을 택했던 월남에서 많은 땅과 좋은 집을 소유했던 사람들은 그것들을 정부가 압수한 데 대해 항상 불만을 품고 있었다. 그들은 북쪽에서 온 사람들을 '박끼(bac ky)' 라고 부른다. 있는 그대로 해석하면 북쪽의 사람들이란 뜻이다. 그러나 이 말 속에는 북쪽에서 온 융통성 없고 깨우치지 못한 사람이란 의미를 담고 있다. 남부의 주요 행사 때 북측에서 온 인사가 담화를 하면 "저 친구, 좀 딱딱거리지 않았으면 좋겠다"고 수근거린다. 반대로 남측 인사가 북쪽에서 강연을 하면 "도대체 무슨 말을 하는지 알아들을 수가 없다"고 핀잔한다.

사실 이런 얘기가 나오는 이유는 남과 북의 말이 서로 다른 탓이다. 일부 단어의 경우, 남과 북의 의미나 발음이 다르다. 특히 말하는 방식에서는 차이가 크다. 북베트남은 보수적인 생활양식을 반영하듯 발음이 딱딱 끊어지고 강하다. 그러나 남베트남 사람들은 상대가 알아듣기 어려울 정도로 입안에서 굴리 듯 말을 한다. 또 북쪽 사람들은 알파벳 R을 J로 발음하고 남쪽에선 J를 Y로 발음한다. 또 뒤에 오는 NH의 발음은 남에서는 그냥 N으로, 북에서는 NG로 각각 다르다. 이렇다 보니, 말투만으로도 그가 남쪽 출신인지 북쪽 출신인지 쉽게 구별할 수 있다. 이상한 점은 공중파 방송에서도 표준말을 쓰지 않고 남과 북의 말을 모두 쓴다는 것이다. 하노이방송은 북쪽 말을, 호찌민방송은 남쪽 말을 그대로 쓴다. 뉴스를 진행하는 아나운서조차 그 지역의 말을 그대로 사용한다.

양쪽 사람들은 사고 방식도 다르다. 남쪽 사람들은 비교적 개방적인데 반해 북쪽 사람들은 보수적이다. 그래서인지 사업을 하려면 남쪽이 수월하다는 인식이 지배적이다. 베트남에 투자하는 많은 외국인들도 가급적 호찌민을 중심으로 한 남쪽을 선호한다.

축구와 도박
생활 속에 빠져든

그들은 가난하지만 도박에 미치고, 축구 강국은 아니지만 축구 마니아들이다. 베트남에 가서 택시를 타고 운전사들과 축구 얘기를 해보라. 박지성에 대해서는 거의 한국 사람들만큼 알 것이다. 길거리에 앉아서 축구를 보는 젊은이들에게 물어 보라. 프리미어리그는 물론, 세계 축구 강국의 리그에서 뛰는 대부분의 선수들을 알고 있으며 주요 선수들은 상세한 프로필까지 꿰고 있다. 그 뿐인가. 그들의 최근 성적과 앞으로의 전망까지 들을 수 있다. 차범근 해설위원에 버금가는 실력이다.

베트남의 축구 수준은 아직 내세울 만한 것이 못된다. 아세안 10개국들이 겨루는 동남아경기대회(SEA게임)에서 태국이나 인도네시아, 말레이시아 등과 우승을 다투기도 하지만 세계적인 수준에는 크게 못 미친다. 그나마 최근 들어 프랑스나 오스트리아 감독을 영입해 다소 좋아지긴 했지만 오스트리아 감독의 말대로 체격과 체력을 키우지 않으면 아시아 수준에도 오르기 어렵다는 게 일반적인 평가다.

그러나 축구에 대한 열정만큼은 세계적인 수준이다. 16개 팀으로 구성된 베트남 축구 리그는 각 실업팀이 참가하는 세미프로리그이지만 경기 때마다 관중석이 꽉꽉 들어찰 정도로 열기가 뜨겁다. 어쩌다 주요 경기라도 열리는 날에는 시내의 교통이 마비될 정도다.

2002년 한일 월드컵 때, 베트남은 본선에 오르지 못했지만 열기는 한국 못지않게 뜨거웠다. 대우호텔에서 열린 한인응원에는 한인보다 더 많은 베트남인이 와서 응원을 주도했고 한국이 승리하면 베트남이 이긴 듯 열광하며 밤새 오토바이를 타고 도심을 돌아다니기도 했다. 수백 대의 오토바이가 내는 굉음과 함성으로 시민들은 잠을 설쳐야 했다.

2008년 3월, 필자가 3년간의 임무를 마치고 귀국하는 날이었다. 그날은 하노이 종합경기장에서 태국과 베트남의 아시안컵 결승전이 있었고 베트남이 승리했다. 축구를 다 본 후 느긋한 마음으로 귀국을 준비하던 필자는 느닷없는 함성과 지축을 흔드는 오토바이 소리에 깜짝 놀라 창밖을 내다보았다. 그런데 조금 전까지만 해도 조용했던 거리는 경기장에서 쏟아져 나온 시민들로 가득했다. '큰일 났다' 싶어 서둘러 짐을 챙겨 아파트를 나섰지만 이미 도로는 극성팬들에게 완전히 점령당했다. 우리 차는 공항으로 가는 반대 방향으로 길을 뚫은 뒤 시내를 반 바퀴 돌아 30분이면 가는 거리를 1시간 반 만에 겨우 도착했다.

이들은 왜 이처럼 축구 경기에 열광할까? 첫 번째 이유는 축구 외에 마땅히 즐길 거리가 없기 때문이다. 그들은 우리처럼 등산이나 낚시, 골프 등 레저거리가 많지 않다. 그저 축구가 전부다.

그들이 축구를 즐겨 보는 데는 또 하나의 이유가 있다. 바로 도박이다. 그들 스스로 "중국인 다음으로 도박을 좋아한다"고 말한다. 농담 삼아 "마누리 빼고는 무엇이든 도박에 건다"고도 한다. 실제로 웬만해서는 잘 참는 베트남 여성들이 이혼을 하는 경우는 대체로 두 가지라고 한다.

첫째는 남편이 마약을 하는 경우고 두 번째는 도박이다. 전쟁에서 돌아왔지만 무엇 하나 할 줄 아는 게 없고 할 일도 없는 남편들은 집에서 마냥 부인들의 눈치만 보고 있을 수 없어 아침밥만 먹고 나면 밖으로 나온다. 차비가 없어 멀리 갈 수도 없는 그들은 길가 나무아래 있는 노상 찻집에 앉아 하루 종일 차를 마시며 소일한다. 그러다 밤이 되면 TV가 있는 맥주집으로 가서 소리를 지르며 축구 경기를 보고 어쩌다 돈이 생기면 내기를 한다. 그들이 아무 것도 걸지 않고 축구 경기를 보는 일은 드물다. 돈이 없으면 담배 한 개비라도 건다. 담배 한 개비는 한 갑으로 늘어나고, 점점 내기를 지나 현금을 거는 도박으로 커져 간다.

한번은 우리 여직원이 남의 오토바이를 빌려 타고 왔다기에 이유를 물었더니 남편이 축구 도박을 하다 전당포에 오토바이를 잡혔단다. 상당히 큰 내기였던 모양이다.

필자도 가끔 손님들이 오면 하노이에서 하롱베이 가는 길에 있는 도선의 카지노에 들른다. 이 카지노는 원래 외국인만 드나드는 곳이었지만 지금은 절반 이상이 베트남 사람이다. 더욱 놀라운 것은 그들의 베팅 액수다. 우리는 보통 최하 베팅 액수인 10달러를 걸고 블랙잭을 하거나 50달러 정도를 바꿔 슬롯머신을 한다. 하지만 베트남 사람들은 주로 바카라와 룰렛을 하는데 베팅 액수가 한번에 1천 달러를 넘길 때도 있다. 딜러의 말에 의하면 보통 그들은 하루에 약 5만 달러 정도를 갖고 놀음을 한단다. 5만 달러면 베트남에서는 작은 서민용 아파트 한 채 값이다.

2005년 말에는 엄청난 규모의 도박 사건이 터져 베트남 전체를 떠들썩하게 했다. 이미 앞에서 말한 바 있는 'PMU18 사건' 이다. 일본에서 제공하는 차관 자금으로 도로공사를 하는 PMU18 프로젝트를 맡은 사장이 한번에 50만 달러를 베팅한 것이다. 그는 맨체스터 유나이티드와 첼시의 경기에 50만 달러를 걸었고 다른 축구 경기에도 비슷한 금액의 베팅을 한 것으로 드러났다. 그는 또 필리핀에서 열린 동남아 축구 경기에도 거액을 베팅했으며 승부조작 의혹까지 받았다. 이 회사는 사장 외에 부하 직원들도 일보다는 축구 도박에 매달려 몇 만 달러 혹은 몇 천 달러씩 베팅한 것으로 감사 결과 밝혀졌다.

하노이나 호찌민 같은 대도시에는 축구 도박을 알선하는 수많은 조직들이 있다. 이들은 시내 카페 등을 이용해 음성적으로 영업한다. 이들의 규모가 커지자 베트남 정부는 축구 도박을 양성화하는 방안을 추진하고 있다. 음성적인 베팅 자금을 복권 형태로 모아 스포츠 진흥기금으로 활용하겠다는 것이다. 그러나 베트남인들은 자신의 돈을 밖으로 드러내기를 싫어하는 기질이 있어 축구복권사업이 쉽사리 성공할지는 미지수다.

그들은 돈이 생기면 이웃들에게 빌려 줄지언정 은행에는 잘 맡기지 않는다. 아직도 은행을 믿지 못하고 정부에서 내 돈에 대해 아는 것을 마뜩잖아 하며, 은행보다는 이웃이나 친구를 더 믿기 때문이다.

해마다 베트남에는 해외교포와 외국에 나가 있는 근로자들로부터 50억 달러 이상이 송금돼 온다. 은행을 통하지 않고 환치기나 보따리 등을 통해 음성적으로 들어오는 돈도 이 정도는 될 것으로 파악되고 있다. 그러나 그 돈들은 들어오기만 할 뿐 나오지는 않는다는 것이 정부의 고민이다.

베트남의 멋 아오자이

베트남을 생각하면 가장 먼저 떠오르는 게 무엇이냐고 물으면 아오자이라고 답하는 사람들이 많다.

아오자이는 베트남어로 웃옷이라는 '아오(ao)'와 길다는 뜻의 '자이(dai)'가 합쳐진 말이다. 웃옷이 아래까지 길게 내려왔다는 의미다. 그러나 실제로 아오자이는 위에서 아래로 길게 내려 온 웃옷 외에 밑에 받쳐 입는 바지가 하나 더 있다. 아오자이는 더운 지방의 옷임에도 팔과 다리를 모두 감추는 옷이다. 상의는 몸에 착 달라붙게 재단하고 허리 아래부터 양옆을 길게 터서 허리선이 돋보이게 함으로써 몸을 드러내는, 다른 어떤 옷보다도 섹시하게 보이는 특징을 갖고 있다.

역사적으로 아오자이는 1428년 시작된 후기 레 왕조 시대에 만들어졌다고 전해진다. 당시 레 왕조는 여성들의 바지 착용을 금지했으나, 남부에서 세력을 확장한 응우옌 푹 코앗이 정부와는 반대로 여성들에게 치마 대신 바지를 입게 했는데 이때 만들어진 것이 아오자이라고 한다. 이 옷이 처음 나왔을 때는 모양이 천박하고 음란하다 하여 지배층에서는 잘 입지 않고 신식 교육을 받은 학생과 교사, 간호사들이 주로 입었다.

흰색 한 가지였던 아오자이는 1934년 화가 레 포가 자신의 그림을 통해 여러 가지 색상의 아오자이를 그리면서 다양한 색상으로 바뀌었으며 1960년대 이후에는 주문 형태의 아오자이가 유행하게 됐다.

남부에서 학생들의 교복으로 많이 활용돼 외국인들의 마음을 사로잡았던 아오자이는 북베트남이 통일을 이루면서 한때 자취를 감추기도 했다. 통일 베트남 정부가 "아오자이는 비실용적이고 비생산적인데다 선정적이기까지 한 자본주의식 퇴폐 복장"이라고 지적했기 때문이다. 1990년대 베트남이 개방을 시작하면서 아오자이도 다시 등장했으나 북쪽에서는 아직도 행사나 기념일 등에만 입는다. 반면 남쪽에서는 학생들의 교복은 물론 사무실이나 관공서의 근무복으로 널리 활용되고 있다.

아오자이가 흰색이 많은 이유는 보통 미혼의 젊은 층이 흰색 아오자이를 입기 때문이다. 베트남에서도 흰색은 순수하고 순결한 이미지를 의미한다. 반면 기혼 여성들은 짙은 색을 입는다. 아오자이를 통해 남녀의 관계를 구분하는 법도 있는데, 자리에 앉을 때 여성이 아오자이 한쪽을 펼쳐 남자에게 앉게 한다면 그 둘은 예사로운 관계를 넘은 것으로 볼 수 있다. 이러한 아오자이는 최근 베트남의 국제화에 큰 몫을 하고 있다. 정부는 전 세계를 돌며 아오자이 전시회를 개최, 세계인들에게 베트남의 아름다운 이미지를 심어주고 있다. 개방 이전 자본주의의 잔재로 외면 받았던 아오자이가 이제는 국가의 이미지를 대신하는 브랜드로 자리하게 된 것이다.

아오자이와 관련한 재미있는 일화도 있다. 4~5년 전쯤 한국에서 중년 여성 7~8명이 하롱베이 관광을 왔다. 이들은 시내 관광을 하던 중 아름다운 아오자이에 반해 저마다 한 벌씩 맞춰 입기로 했다. 옷을 맞춰 놓고 이튿날 하롱베이를 다녀 온 일행은 가게에서 아오자이를 찾지 않겠다고 주인과 실랑이를 벌였다. 이유인즉, 아오자이를 입어보니 사진이나 종업원들이 입고 있는 아오자이와는 딴판으로, 자신들에게는 어울리지 않았기 때문이다. 일행은 옷을 잘못 만들었으니 계약금도 돌려달라고 주장했다. 그러나 주인은 치수를 재서 똑같은 방식으로 만들었으니 자신들에겐 잘못이 없다고 반박했다.

필자는 이 얘기를 전해 듣고 실소를 금할 수 없었다. 문제는 재단사에게 있는 게 아니었다. 한국인의 몸매가 아오자이에 어울리지 않았기 때문이다. 아오자이는 몸에 착 달라 붙는 옷이어서 살이나 근육이 많은 몸에는 어울리지 않는다. 더구나 어깨가 넓거나 허리가 굵으면 그야말로 봐주기 민망한 옷이기도 하다. 이 옷이 잘 어울리려면 상체가 작고 다리가 길며 어깨와 허리는 가늘어야 한다. 가슴과 엉덩이가 '오리궁둥이' 처럼 튀어나오면 더 멋스럽다. 그러나 대체로 어깨가 넓고 하체가 짧으며 허리가 다소 굵은 한국의 중년 여성들에게는 어울리지 않는 옷이 아오자이다. 한국인에게는 우리의 옷이 있고 베트남인들에게는 아오자이가 있는 것이다.

베트남 전쟁 후 한국에서 '월남치마' 라는 옷이 유행한 적이 있다. 월남치마는 허리에 고무줄을 넣고 바지는 넓게 만들어 어디서든 편하게 입을 수 있는 옷이다. 특히 이 옷은 일할 때 입으면 편하기 그지없어 시골에서 많은 여성들이 즐겨 입었다. 아마도 월남치마는 베트남의 아오자이에서 비롯되지 않았을까 짐작된다. 아오자이는 위의 겉옷은 몸에 딱 붙고 섹시하게까지 보이지만 바지는 고무줄을 넣고 펑퍼짐해 우리가 말하는 월남치마와 같다. 그렇다면 아오자이는 이미 1970년대 우리나라에 들어온 셈이다.

제9부

베트남에서 살아가기 한국인들

베트남에서는 아프지 않는 게 상책

한국과 베트남의 관계가 가까워지면서 어느새 베트남에 거주하는 한국인의 수가 7만 명(한국 대사관 추정)을 넘어섰다.

그 중 6만 명이 호찌민을 비롯한 남부 지방에 거주하고 나머지 1만 명이 수도 하노이를 비롯한 북부와 중부에 살고 있다. 여기에는 물론 하루 평균 5천여 명으로 추산되는 관광객도 포함되지만 이 숫자라면 미국이나 중국, 일본, 필리핀 다음으로 많은 교민이다.

그러나 베트남 교민이 다른 나라에 비해 특이한 것은 실제로 장기간 현지에 거주하는 이들은 많지 않다는 점이다. 미국이나 일본 등지에는 대부분이 이민이나 현지에서 태어난 교민들이 많고 중국도 최근에는 현지로 거처를 옮겨 사는 사람들이 많은데 비해 베트남의 교민들은 대부분이 3년 이내로 거주하는 임시 교민들이다. 이들 중 상당수는 국가기관이나 기업의 파견관들이거나 업무차 베트남에 살고 있는 경우다. 그래도 비교적 장기간 거주하는 이들은 개인사업을 하는 교민들이다.

호찌민에는 통일 전 남베트남에 거주하다 그대로 눌러앉은 이들이 있긴 하나 수십 명에 불과하고 나머지는 모두 1990년대 이후 사업을 위해 베트남을 찾은 사람들이다. 베트남 교민은 특히 2003년부터 시작된 제2차 베트남 투자붐을 타고 급격히 늘었는데 기업인들이 대다수를 차지하고 유학생도 수천 명에 육박하는 것으로 추정된다. 이 밖에 특이한 교민으로는 종교활동이나 봉사단체 관계자들이 있는데, 이들은 사회주의 국가인 베트남이 선교활동을 금지함에 따라 비공개로 활동을 하기 때문에 정확한 수를 파악하기는 어렵다.

지역에 따라 교민의 신분도 차이를 보이는데, 하노이의 경우 행정부처가 있는 관계로 정부기관과 대기업 파견관 등이 주축을 이룬다. 이에 비해 호찌민은 개인사업자가 대부분을 차지한다. 그래서 교민 사회의 성격도 하노이는 친정부적인 반면, 호찌민은 다소 자유분방한 편이다.

베트남에 사는 한국 사람들은 다른 나라에 비해 문화 충격을 거의 느끼지 않는 편이다. 이유는 베트남인들의 생김새가 우리와 크게 다르지 않고 사고도 대체로 비슷하기 때문이다. 특히 그들이 우리에 비해 평균 소득이 낮고 체구도 작은 편이어서 미국이나 유럽에서와 같이 열등감을 느끼지 않는다. 더욱이 최근에는 쉽게 한국 음식을 먹을 수 있고, 어디서든지 한국 상품을 살 수 있다.

비비큐치킨과 롯데리아, 롯데마트가 등장했고 한국 영화관이 생겼으며 화장품이나 의류 등은 한국제가 시장을 석권하고 있다. 또 거리로 나가면 한국산 버스와 트럭, 자동차가 도로를 메우고 있다. 시내버스를 타도 택시를 타도 한국산이고 최근에는 고속버스를 타도 금호고속이다. 한국에서 사용하던 중고버스를 들여온 뒤 새로 칠을 할 때도 한국산임을 자랑하기 위해 한글은 절대 지우지 않는다. 너도나도 삼성과 LG휴대전화를 들고 다니며 집집마다 가전제품 역시 삼성과 LG가 일본 제품을 누르고 상위 1,2위를 차지한다.

한국식당도 많다. 호찌민에 200여 곳이 있고 하노이에도 50여 곳이 성업 중이라니 현지 음식 없이 한국 음식만 먹고도 살 수 있을 정도다. 요즘 베트남의 젊은 사람들은 쉽게 배달해 먹을 수 있는 김밥을 즐기며, 더러는 자장면을 배달시켜 먹기도 하는데 김치는 필수란다. 베트남의 웬만한 슈퍼마켓에는 김치를 판다.

베트남 사람들 사이에는 한국 회사가 지은 아파트에서 한국산 가전제품과 휴대전화를 쓰며 한국 자동차를 타고 한국산 보약과 음식을 먹는 것이 최고로 잘 사는 길이라는 농담도 있다. 요즘은 한국에 여행 가서 제주도 등을 관광하고 미용 수술을 받는 것도 포함된다고 한다.

한국인들이 해외 생활을 할 때 가장 신경을 쓰는 자녀 교육도 이제는 별 문제가 없다. 필자가 처음 부임하던 2000년만 해도 하노이에는 한국학교가 없었다. 국제학교만 있었고 대학이나 고등학교 입시에 대비할 방법도 전무했다. 그러나 지금은 호찌민은 물론 하노이에도 정식으로 한국의 학력을 인정하는 한국학교가 생겼으며 본인만 열심히 하면 얼마든지 한국에 있는 학생들처럼 공부할 수 있다.

그렇다고 베트남에서의 생활이 완벽할 수는 없다. 가장 큰 애로사항은 의료문제다. 4년 전인가 필자도 갑자기 건강이 악화돼 서울로 후송된 적이 있었다. 현지 병원에서는 일사병이라며 쉬면 나아질 것이라고 말했으나 핼쑥해진 필자의 얼굴을 본 당시 아시아나항공의 심상규 지점장(현 아시아나항공 홍보팀장)은 "형님, 큰일 날 수 있으니 빨리 한국에 가서 진찰 받으세요"라며 항공기 좌석과 경희의료원 종합 진찰 수속까지 해줘 그날 밤 급히 귀국했다. 아니나 다를까. 위궤양이었다. 의사는 조심하지 않으면 큰 병으로 악화될 수 있으니 주의하라며 처방을 해 주었다. 현지에 사는 한국인들 간에는 그래서 "베트남에서는 아프지 않는 게 상책"이라는 농담을 자주 한다.

호찌민만 해도 한국인들이 많다보니 약간의 의료기관이 있다. 날씨도 덥긴 하지만 습기가 적은 편이라 견디기 쉬운 편이다. 그러나 하노이는 연중 습도가 80도를 오르내릴 정도로 습한데다 여름에는 40도를 넘는 살인적인 찜통더위가 몰려오다가 겨울에는 2~3개월 동안 부슬비가 내리며 으슬으슬 추워 병 걸리기 딱 좋은 날씨다. 하노이의 겨울 기온이 10도 안

팎이라는 말에 별거 아니라고 생각하고 준비없이 갔던 사람들은 겨우내 난방시설도 없는 곳에서 추위에 떨며 지내본 경험이 있을 것이다. 필자도 두 번째 겨울에는 서울에서 전기장판을 공수하고 에어컨도 냉 · 난방이 되는 것으로 교체했다.

베트남에서는 기온이 10도 아래로 내려가면 우리의 영하 날씨처럼 추워 초등학교에서는 휴교에 들어가기도 한다. 이러한 을씨년스러운 날씨 탓에 베트남에 처음 오는 사람들에게는 반드시 운동을 하도록 권한다. 남자들은 직장에 다니고 주말에는 골프도 열심히 하지만, 하루 종일 집에만 있는 주부들은 우울증에 걸리기 쉬운 곳이 바로 하노이다. 더욱이 하노이에는 호수가 많아 기분을 더욱 가라앉게 만든다. 실제로 하노이에 파견 왔다가 병을 얻어 귀국하는 사람들이 더러 있다. 그래서 하노이의 한국인들은 주말만 되면 기온에 관계없이 열심히 골프를 치고 자주 공원에 나가 조깅을 한다.

그러나 갑작스러운 사고를 당하면 아주 난감하다. 하노이에는 베트남 병원 외에 프랑스 병원 등 외국인들이 운영하는 몇몇 병원이 있기는 하다. 그러나 대부분이 응급처치 정도에 그칠 뿐 큰 수술은 할 수 없다. 크게 다치면 어쩔 수 없이 한국이나 가까운 태국, 싱가포르 등으로 후송할 수밖에 없다. 오토바이 사고를 당한 한 선배의 아들이 후송을 제대로 못해 젊은 나이에 목숨을 잃은 안타까운 일도 있었다.

그래서 대기업이나 정부 기관의 파견관은 국제병원이 운영하는 특별후송보험서비스에 가입하기도 하지만 일반인은 일 년에 몇 백만 원이나 되는 큰 비용부담에 가입이 어렵다. 결국 그들은 현지에 있는 동안 중병에 걸리지 않고 큰 사고가 나지 않기를 바랄 뿐이다.

쌀국수는 어디에?
진짜 베트남

요즘 한국 사람 중 베트남에 안 가본 사람이 거의 없을 만큼 베트남은 우리 가까이에 있다. 이미 베트남에는 7만여 명의 한국인들이 살고 있으며 지금도 하루 평균 1천 명 내외의 한국인들이 하롱베이와 메콩 델타 등 관광지를 찾고 있다. 최근에는 베트남 전쟁 시절 한국 야전사령부와 백마부대 사령부가 있던 나짱(당시는 나트랑이라 불렀음)이 새로운 테마 관광지로 각광받고 있다.

국내에서도 베트남과 쉽게 만날 수 있다. 현재 국내에는 5만 명 내외의 베트남인들이 거주하는데 시골에 가면 마을마다 한두 명의 베트남 신부가 살고 있으며 각종 공장이나 요식업소에서도 베트남인들을 자주 볼 수 있다.

또 하나 베트남을 가깝게 느낄 수 있는 것이 쌀국수다. 정확한 숫자는 알 수 없으나 국내에 있는 쌀국수 가게는 수백 개에 이를 것으로 추정된다.

그런데 베트남 쌀국수로 이름 붙여진 이 가게들의 진짜 국적이 불분명하다. 우선 이름부터가 그렇다. 만약 베트남에서 들어온 쌀국수라면 그 이름은 우리말로 '포'가 아니라 '퍼'라고 불러야 한다. 베트남어의 알파벳 'O' 발음에는 우리말로 표현하면 '오'와 '어', 그리고 이 둘의 중간 발음 등 세 가지가 있는데 쌀국수의 베트남어 'PHO'에 나오는 'O'의 발음은 '오'가 아니라 '어'로 발음되기 때문이다. 베트남인들 중 쌀국수를 '포'로 발음하는 사람은 아무도 없다. 그런데 국내에 있는 쌀국수 가게의 간판은 모두 '포'라고 돼 있다.

쌀국수에 들어가는 국수도 베트남에서 먹는 것과는 다르다. 베트남에서도 북부인 하노이 지역과 남부인 호찌민 지역의 쌀국수가 다르긴 하지만 대체로 국내에서 먹는 쌀국수보다는 두껍고 굵은 편이다. 국내의 베트남 쌀국수는 보통 일반 국수의 모양과 비슷한 반면 베트남 쌀국수는 우리의 쌀국수와 칼국수의 중간쯤에 해당된다.

쌀국수 국물도 우리의 기호에 맞게 개량된 것으로 보인다. 진짜 쌀국수는 돼지고기와 닭고기, 내장 등을 넣어 오랫동안 끓여내기 때문에 국물이 진한 편이다. 그러나 국내 쌀국수의 국물은 사골이나 쇠고기 등을 끓여 만든 것으로 맑고 담백하다. 이처럼 국내에서 먹는 쌀국수는 베트남의 거리에서 먹는 쌀국수와는 큰 차이가 있고 베트남의 대형 체인점인 'Pho 24' 나 'Pho 2000' 등과도 상당히 다르다.

그렇다면 국내에 들어 온 쌀국수는 도대체 어디서 유래된 것일까? 이름으로 볼 때 미국의 쌀국수에서 유래됐을 것으로 추정된다. 베트남 전쟁을 전후해 미국으로 건너 간 베트남인들이 그곳에서 미국인들의 입맛에 맞게 개량한 쌀국수를 만들어 팔게 됐고 상당한 인기를 얻어 큰 수익을 올렸다. 쌀국수의 맛 등 여러모로 볼 때 북부보다는 남부 스타일에 가까워 이러한 추측을 가능케 한다. 국내의 쌀국수 역시 미국의 체인점들과 제휴를 했거나 국내 업체들이 이를 본떠 만든 것으로 추측할 수 있다.

국내에는 베트남 주방장들이 직접 와서 쌀국수를 만들어 파는 곳도 드물게 있다. 명동의 먹자골목 지하에 있는 쌀국수집 '아오자이' 는 하노이 지방에서 직접 가게를 운영하던 응웨 씨가 베트남식 쌀국수를 판 적이 있다. 그는 국내에서는 진짜 쌀국수를 구할 수 없어 하노이에서 공수해 판매했다. 그러나 한국인들이 이 쌀국수를 즐기지 않을 뿐만 아니라 공수 비용도 만만치 않아 1년여 만에 중단했다고 한다. 종로구 청진동 네거리 근처 두산위브 1층에 있는 쌀국수 집은 베트남인들이 직접 가게를 운영한다. 사장에서 종업원들까지 모두 베트남인들이다. 그러나 이 가게 역시 국수는 국내산을 쓴다. 쌀국수는 2000년대 초반 수출도 했으나 인체에 해로운 물질을 방부제로 쓰는 것이 해외 언론에 보도된 후 수출이 전면 금지되기도 했다.

쌀국수는 베트남의 전통 음식이다. 또한 가장 먼저 외국에 알려진 베트남의 대표음식이기도 하다. 홍강 델타와 메콩 델타에서 2모작이나 3

모작으로 수확된 엄청난 양의 쌀을 이용해 만들어진 쌀국수는 그들에게는 가장 손쉬운 끼니거리였다. 쌀가루를 반죽해 국수를 뽑은 뒤 물을 부어 끓이기만 하면 되기 때문이다. 지금은 맛과 영양을 고려해 돼지뼈를 여러 시간 고은 육수에 미리 삶아 놓은 쌀국수를 넣고 닭고기나 쇠고기를 듬뿍 얹은 뒤 향채나 레몬을 가미해 먹지만, 가난했던 시절에는 그저 국수를 국물에 말아 먹었을 뿐이다.

호찌민이나 하노이의 거리 모퉁이에서는 어디서나 두세 개의 작은 탁자와 우리의 목욕탕에서 흔히 볼 수 있는 작고 낮은 의자 10여 개가 놓인 간이 쌀국수 집을 볼 수 있다. 이 간이 가게는 아침과 점심시간에만 임시로 영업을 하고 때가 지나면 없어졌다가 이튿날 다시 나타나곤 한다. 베트남인들은 보통 집에서 아침을 잘 먹지 않고 간이 쌀국수 집에서 쌀국수를 먹은 뒤 출근을 하거나 바쁜 사람들은 2천~3천 동짜리 바게트 샌드위치로 아침을 대신한다. 야간에 일을 하는 사람들은, 음식점들이 문을 닫은 밤 10시 이후에도 간이 쌀국수집에서 쌀국수를 먹은 뒤 쓴 베트남 차 한 잔을 마시며 담소를 나눈다.

다이어트에 좋다는 소문에 젊은 여직원들이 점심 시간이면 줄을 서서 먹는 쌀국수와 바쁜 출근 시간이나 밤늦은 시간, 길거리에서 먹는 쌀국수는 차이가 있을 수밖에 없다. 한 그릇에 7천 원 정도 하는 한국의 쌀국수와 1만 동(600원) 내외인 베트남 쌀국수는 그 가격만큼이나 큰 차이가 있다.

재벌(따이피엣 TAIPHIET)은 한국말 짜옹은 베트남말

1970년대 후반, 국내에서 '짜옹' 또는 '짜웅' 이란 말이 유행했다. 당시를 경험했던 사람이라면 아마도 "아, 짜옹! 참 많이 썼었지" 라고 그때를 회상할 것이다.

그 당시 한국은 외국의 차관 자금을 마구 끌어들여 한참 경제부흥에 열을 올릴 때였는데 그만큼 부정부패도 만만찮았다. 기업가는 공사를 따내거나 사업상의 혜택을 얻으려 공무원들에게 잘 보여야 했고, 하급자는 출세를 위해 상급자에게 잘 보여야 했다. 이렇게 상급자나 필요한 사람에게 잘 보이기 위해 아부하거나 결탁하는 것을 '짜옹한다' 고 했다. '짜옹' 은 당시 사전에도 없고 어원도 알 수 없었다. 그저 '윗사람한테 잘 보인다' 는 의미로 이 말을 썼다. 그런데 베트남에 가서 그 어원을 찾을 수 있었다. 현지 학자들에 따르면 '짜옹' 은 베트남어의 인사말인 '짜오(chao)' 와 윗사람을 부르는 호칭인 '옹(ong)' 이 합쳐진 말이라고 한다. 즉, 베트남에서는 윗사람에게 인사를 하는 말이다. 이 말이 어떻게 한국에서는 '윗사람에게 잘 보인다' 는 뜻으로 쓰인 걸까?

이를 알기 위해서는 베트남 전쟁에서의 상황을 살펴볼 필요가 있다. 1960년대 후반부터 베트남전에 병력을 파견했던 우리 군은 미군의 방침에 따라 현지인들을 돕기 위한 대민구호사업을 실시했다. 이를 위해 거액의 자금이 현지인들에게 살포됐다. 이러한 사업들은 현지인들에게는 큰 이권으로 작용해 한 건만 따내도 베트남에서는 떵떵거리고 살 수 있었다. 그래서 수완이 좋은 월남인들은 어떻게든 한국군의 고위층을 만나 사업을 따내려 애썼다. 이 과정에서 그들은 수시로 한국군 주둔지를 드나들었고 한국군을 만나면 항상 웃으며 '짜오 옹' 을 연발했다.

이때부터 한국군 내에서는 현지인들이 부대에 들어오면 "짜오옹 하러 온다"는 말이 돌았고, 그 말이 국내로 들어와 '짜옹' 은 이권을 위해

윗사람에게 잘 보이려 하는 것을 의미하게 됐다. 결국, 1970년대 말~1980년대 우리 사회의 고질적 병폐를 대변하는 단어로 쓰였던 '짜옹'은 우리가 모르는 사이에 맨 처음 사용한 베트남 말이 된 셈이다. 그러나 이 말은 1990년대 이후 우리사회에서 부정부패가 점차 없어지면서 함께 사라져 갔다.

반대로 베트남어에는 최근 '재벌(taiphiet, 따이피엣)' 이란 단어가 생겼다. 이 말은 우리말 재벌을 한자로 표시해 베트남어로 읽은 것이다. 이 단어가 베트남에서 생긴 때는 대략 2000년대 이후일 것으로 추측된다. 베트남이 개방을 추진하면서 자국 기업의 경쟁력 강화를 위해 시도한 한국식 재벌정책이다.

한국이 1970년대 국내 기업의 대외경쟁력을 강화하기 위해 추진한 게 재벌정책이었고 이 재벌정책의 성공으로 한국경제는 급속히 발전했다. 당시 박정희 대통령은 대기업들을 분야별로 나눠 특정 사업을 맡긴 뒤 책임지고 사업을 추진할 수 있도록 장려했다. 그 결과 한국은 삼성, 현대, LG 등 재벌 그룹들을 탄생시켰고 이 그룹들 간의 경쟁은 한국경제가 세계 수준으로 성장하는 원동력이 됐다.

한국을 경제 성장의 모델로 삼은 베트남이 재벌정책을 모방하려 한 것은 당연하다. 그러나 대부분이 국영기업인 베트남에서는 이를 따라하기가 쉽지 않았다. 그럼에도 불구하고 베트남 정부는 주요 국영기업인 베트남석유공사(페트로베트남)와 베트남조선공사(비나신), 베트남전력공사(EVN) 등에 각종 국책사업을 맡겼다.

그 결과, 이들 기업은 외형적으로는 한국의 재벌과 유사한 형태를 보였다. 국내외 석유판매권과 수입권을 갖고 있는 페트로베트남은 베트남 최대의 그룹기업으로 20여 개의 계열사를 두고 있으며 매출 규모로만 보면 국내 재벌기업과 비슷한 수준에까지 올라섰다. 비나신 역시 정부의 조선(造船)장려 정책에 따라 관련 사업을 확장시켜 전국에 50여 개의 계열사를 거느리고 있다. 베트남은 최근 통계에서 세계 5대 조선국으로 성장한 것으로 나타났다. 여기에는 현재 나짱 부근에서 합작사업을 하고 있는 현대미포조선의 기여도가 적지 않다. 미포조선은 베트남에 우리의 최첨단 조선기술을 전수시켜 베트남 조선을 세계 수준으로 끌어올리는 데 핵심 역할을 했다.

그러나 그들의 이같은 재벌정책 따라하기는 양국 간의 여건 차이와 운용 차이로 다른 결과를 가져왔다. 단기적으로 그 결과를 평가하기는 어려우나 이 재벌정책은 2008년 극심한 인플레로 인한 경제위기를 가져왔고 그 해 가을에는 국제금융위기까지 겹쳐 현재까지 베트남 경제에 영향을 주고 있다.

2007년까지 지속적으로 10%대 성장을 누리던 베트남 경제는 현재 5%대로 떨어졌고 외국기업들의 투자액도 100억 달러에 못 미치고 있다. 이렇게 된 가장 주요한 원인으로는 한국은 사기업이 사활을 건 기업 확장을 한 반면, 베트남은 정부의 권장에 따라 국영기업이 형식적인 확장을 했기 때문으로 보인다.

국내 재벌기업들은 주력기업을 중심으로 이에 필요한 보조기업을 만들어나가 시너지 효과를 거뒀고 일사불란한 조직체계 아래 그룹 간 사업을 조정해 나갔으며 정부와 그룹 내 과감한 구조조정이 잇따랐다. 이에 비해 경험이 없는 베트남은 시너지 효과가 기대되는 관련 기업 대신 돈벌이에 치중한 은행과 증권회사, 부동산회사를 관련 기업으로 만드는 데 치중했고 계열사 간에도 몸집 키우기와 돈벌이 경쟁을 일삼았다. 이들이 만든 은행만 해도 200개가 넘고 증권회사도 100개나 된다니 한국과 비교할 때 그 실상을 쉽게 짐작할 수 있다.

주요 기업들은 정부 돈을 이용해 매달 한두 개의 업체를 만들어 고위 관계자들에게 나눠주는가 하면 이름뿐인 회사를 증권시장에 상장시켜 한 푼도 안 들이고 몇 천만 달러를 끌어들이는 식의 확장을 계속했다. 그 결과 증시는 뚜렷한 이유 없이 꾸준히 올랐고 그에 따라 국민들의 희망은 끝없이 치솟았으며 덩달아 물가도 따라 올랐다. 특히 부동산은 1년 만에 두 배가 오르는 폭등세를 보였다.

2008년 1월 주가가 1100포인트를 넘은 뒤 이상 징후가 포착됐다. 소비자 물가가 폭등세를 보이기 시작한 것. 정부는 서둘러 부동산 대출을 중지하고 이미 풀린 돈도 환수를 종용했다. 이때 일본의 한 증권회사가 발표한 베트남 경제의 'IMF 개입설'은 베트남 경제 위기를 불러오는 촉매제가 됐다. 정부의 긴축 정책에도 불구하고 물가는 계속해서 뛰었고 증시는 급락했으며 기업들은 투자를 중지했다. 외국 기업들도 약속했던 투자를 중단하기 시작했다. 엎친 데 덮친 격으로 그해 말에는 미국을 비롯한 선진국들의 금융위기까지 밀어닥쳐 위기는 가속됐다.

최근 베트남 정부는 조선공사의 팜 타잉 빙 회장을 해임했다. 방만한 운영으로 총자산 규모와 맞먹는 42억 달러의 부채를 기록한 데 따른 문책이었다. 비나신이 각종 조선소 외에 은행, 보험과 증권사는 물론 맥주회사까지 수익과 관련된 각종 사업에 지나치게 투자를 한 결과였다.

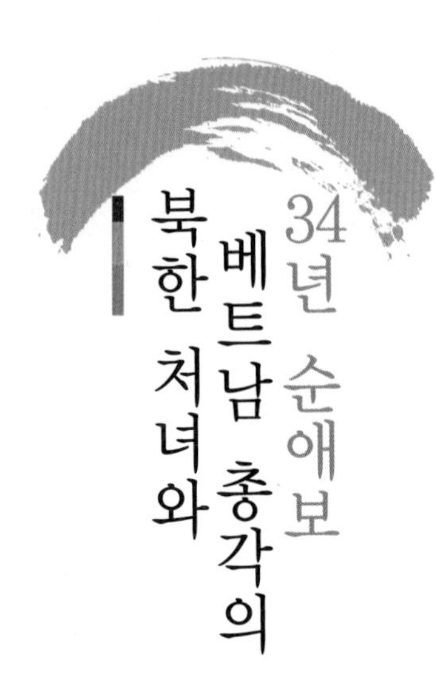

34년 순애보
베트남 총각의 북한 처녀와

2005년 12월 13일, 베트남 하노이의 국립체육관에서는 역사적인 이색 결혼식이 진행됐다. 주례는 국가체육위원회의 주석이었고 신랑과 신부는 젊은이들이 아니라 50대 초반의 남녀였다. 식장 앞에는 결혼식이라는 베트남어 'le thanh hon' 외에 '결혼식'이라는 한글이 함께 쓰여 있어 이날의 행사가 예사스러운 행사가 아님을 보여주었다.

베트남 고위 인사들과 북한 측 인사들이 함께 참석한 이 결혼식은 53세 베트남 노총각 팜 응옥 카잉 씨와 북한의 54세 노처녀 리영희 씨가 34년의 세월과 국경을 초월해 하나가 되는 역사적인 순간이었다.

1971년 북한에서 만나 사랑을 나눴던 두 사람이 양국 간의 껄끄러운 관계로 인해 연락이 두절된 채 오랜 세월 동안 속만 태우다 처녀 총각으로 다시 만나 부부가 되는, 매우 의미 있는 자리였다. 미남에다 건강한 체격의 카잉 씨는 스포츠를 좋아해 당시 베트남자전거협회 이사에다 하노이 자전거협회 전무로 일하고 있었다.

두 사람의 사랑 이야기는 1971년 북한의 항구도시 흥남에서 시작된다. 베트남 정부의 국비 유학생으로 함흥화학공업대학에 가게 된 카잉 씨는 1개월간의 실습을 위해 흥남비료공장을 방문했다. 그곳에서 실험실의 분석공으로 일하고 있던 20세의 리영희 씨와 19세의 카잉 씨는 서로 첫 눈에 반했고 이후 두 사람은 다른 사람들의 눈을 피해 사랑을 키워갔다. 그러나 카잉 씨는 매월 실습공장을 옮겨 다녔고 리 씨도 교대근무를 하던 터라 두 사람은 만나는 일조차 쉽지 않았다. 주로 카잉 씨가 리 씨의 숙소를 찾아가 만났지만 동료들의 이목 때문에 이 또한 쉽지 않았다. 그래도 사랑하는 마음 하나만은 변치 않았던 두 사람은 1972년 카잉 씨가 유학을 마치고 귀국하면서 또 한 번의 위기를 맞았다. 그러나 두 사람은 어떠한 어려움이 있더라도 반드시 사랑의 결실을 맺자고 굳게 약속했고 귀국 후에도 편지로 애틋한 사랑을 나눴다. 카잉 씨는 평양 주재 베트남 대사관을 통해 리 씨의 근황을 체크하며 편지를 주고 받았고 회사를 설득해 북한 출장을 다녀오기도 했다.

그러나 1979년 베트남의 캄보디아 침공으로 베트남과 북한 간의 관계가 악화되면서 편지연락이 끊겼고 1991년 한국과 베트남의 수교로 대사관을 통한 연락마저 두절됐다. 연락이 완전히 두절되기 직전, 카잉 씨는 북한 대사관에 리영희 씨와의 결혼신청서를 제출했으나 하노이 주재 북한 대사관은 리 씨가 이미 결혼을 해서 승낙할 수 없다고 통보했다. 절대 그럴 리 없다고 생각한 카잉 씨는 리 씨만을 그리워하며 결혼하지 않고 백방으로 리 씨와의 연락을 시도했으나 불가능했다.

그렇게 갑갑하고 애타는 세월을 보내기 10여 년. 2000년대 들어 북한과 베트남 관계가 다시 회복되고 카잉 씨의 유학 동기들이 평양 주재 베트남 대사관의 대사로 부임하게 됐다. 카잉 씨는 다시 양국 대사관에 리 씨의 근황만이라도 알게 해달라고 간청했고 2004년 리영희 씨가 흥남 근처에서 어머니와 함께 살고 있다는 연락을 받았다. 카잉 씨는 이듬해 평양을 방문할 예정인 쩐득렁 주석에게 편지를 보내 리영희 씨와의 결혼이 이뤄지도록 도와 달라고 부탁했다. 이 연락을 받은 북한 외교부도 양국 관계 진전을 위해 두 사람의 결혼이 필요하다고 판단, 2005년 8월 리영희 씨가 미혼이며 카잉 씨와 결혼이 가능하다고 통보한다. 34년 만에 두 사람의 사랑이 양국 정부로부터 승인을 받는 순간이었다.

그해 10월 17일, 북한으로 달려 간 카잉 씨는 드디어 꿈에 그리던 리 씨를 만날 수 있었고 두 사람은 더 이상 기다릴 수 없다는 듯 평양 주재 북한 대사관에서 간이 결혼식을 올렸다. 필자가 1차 임기를 마치기 직전 송고했던 이 기사는 국내의 전 언론들이 대서특필함으로써 큰 반향을 일으켰다. 리영희 씨는 또 대구 인근에 살고 있을 부친을 찾았으나 이미 돌아가신 뒤였다. 그러나 이복형제들은 리영희 씨를 만날 수 있었다.

2009년 하노이에서 다시 만난 카잉 씨와 리영희 씨는 매우 행복해 보였다. 리 씨는 2005년 처음 베트남을 찾았을 때보다 훨씬 활기가 있어 보였고 요즘은 새로운 일을 하느라 바쁘다고 했다. 리 씨의 새로운 일은 베트남 사람들에게 한국말을 가르치는 것. 북한에 있는 어머니와 동생을 생각해 아직도 북한 국적을 포기하지 않고 있다는 리 씨는 "혼자 일하는 남편을 돕고 소일거리라도 있어야 한다는 생각에 한국말을 가르치고 있는데 북한 말과 남한 말에 상당한 차이가 있어 힘들다"고 말했다.

제10부

베트남에서 성공한 우리 기업들

베트남 건설시장 장악한

포스코 E&C

한류 스타 장동건이 선전하는 기업

하노이 노이바이 공항에 내려 시내로 들어가는 도로 오른편에는 포스코 E&C(사장 정동화)의 간판이 보인다. 베트남인들이 가장 좋아하는 한류 스타 장동건이 엄지손가락을 치켜세우며 밝게 웃고 있다.

베트남에 함께 진출해 함께 최고가 된 장동건과 포스코 E&C는 명품 콤비다. 한국과 베트남의 수교가 이루어진 1992년 장동건은 포스코의 광고 모델로 등장해 "한강의 기적을 베트남에 심겠다"고 외쳤다. 그 후 현재까지 베트남에서 장동건은 가장 잘 나가는 스타가 됐고 포스코 E&C 역시 가장 잘 나가는 건설사가 됐다.

2008년, 베트남에 몰아친 인플레와 글로벌 경제위기로 상당수의 국

내 기업들도 철수했다. 그러나 포스코 E&C는 2008년 이후 오히려 대형 프로젝트가 줄줄이 성사됐다. 양국 수교와 동시에 베트남에 진출한 포스코는 1995~2000년 우여곡절 끝에 역사적인 다이아몬드플라자를 완공, 단번에 베트남의 신뢰를 얻었다. 당시로서는 엄청난 금액인 9천200만 달러를 들인 다이아몬드플라자 공사 도중 아시아에 불어닥친 IMF 경제위기로 비용이 당초 예상했던 것보다 두 배 이상 늘어났고 공사가 마무리 된 후에는 분양에 어려움을 겪기도 했다. 그러나 포스코는 경제 개방의 상징물이 된 다이아몬드플라자를 포기하지 않고 성공시킴으로써 베트남 정부의 전폭적인 지원을 받게 됐다.

그 후 2006년, 포스코에 두 번째 큰 성과가 찾아왔다. 하노이 인근 북앙카잉 지역의 80만 평 대지에 한국의 분당이나 일산과 같은 자립형 신도시를 건설하는 것. 무려 20년의 공사 기간이 예상되는 이 프로젝트는 공공시설과 상업시설, 주거시설을 함께 건설하는 것으로 75층짜리 초고층 빌딩을 포함해 7천여 가구의 주택이 들어서게 된다. 2009년 말 첫 분양을 시도한 빌라는 유력자들의 분양 신청 압력이 너무 커 현지의 관계자들이 전화받기를 두려워하는 등 곤란을 겪기도 했다.

세 번째 핵심 프로젝트는 베트남 정부가 하노이의 수도 지정 1천년을 기념하기 위해 추진하고 있는 광역하노이시의 마스트플랜을 수립하는 것이다. 이 마스트 플랜은 이미 포스코를 중심으로 한 컨소시엄에 의해 마무리 돼 베트남 정부에 전달됐고, 2010년 10월께 있을 1천년 기념식에서 공식 발표될 예정이다.

포스코건설은 고속도로 건설사업도 추진하고 있다.

하노이에서 중국을 연결하는 고속도로 공사의 8개 구간 중 절반에 가까운 3개 구간을 맡았다. 싱가포르에서 중국에 이르는 아시아고속도로 사업의 일환으로 아시아개발은행(ADB)의 지원을 받아 이루어지는 이 사업에 베트남 정부는 믿을 만하다고 판단한 포스코건설에 많은 배려를 한 것이다.

이 밖에 포스코건설은 호찌민 남부 붕따우의 푸미공단에 있는 카이 맵항만 공사를 국내의 삼환기업과 함께 수주해 현재 공사를 진행하고 있으며 호찌민의 롱탄과 저주저이를 잇는 도로 연결 공사도 추진 중이다. 이처럼 베트남 정부의 포스코 E&C에 대한 신뢰는 갈수록 돈독해지고 있다.

아직 본격화하지는 않았지만 북앙카잉 신도시에 이어 인근 옥리엠 지역에 또 하나의 신도시도 추진되고 있다. 서희건설과 함께 추진 중인 이 프로젝트는 북앙카잉보다 더 큰 100만 평 규모로 광역 하노이시의 학원과학도시가 될 전망이다.

미래의 하노이 광역도시 마스트플랜 설계

이 프로젝트는 전체 용역비가 636만 달러에 불과하고 용역 기간도 2008년에 시작해 16개월 만에 끝난 단기 프로젝트다. 그럼에도 포스코 E&C가 용역비보다 훨씬 많은 자금과 인원을 들여 전력을 다하는 이유는 무엇일까?

그것은 동남아 최대 도시를 우리 기술로 만들었다는 상징적인 의미와 이후 도시 건설 과정에서 있을 수 있는 성과를 기대하기 때문이다. 베트남은 1010년 리 왕조를 세운 리 태조(리타이또)가 수도를 하노이로 정한 지 1천년이 되는 2010년 대대적인 행사를 준비하고 있다. 그 중에서도 가장 크고 의욕적인 것이 광역도시 마스트플랜이다.

베트남 정부는 2009년 921㎢였던 하노이시에 인근 하떠이 성과 다른 성의 일부를 편입시켜 3천300㎢의 대형 수도로 바꿨다. 이 대형 광역시를 어떻게 효율적으로 세계적인 대도시로 만들 것인가 하는 게 바로 포스코건설 컨소시엄이 맡은 과제다.

2008년 베트남 정부가 이 프로젝트를 내놓자 미국과 일본, 프랑스 등의 세계적인 도시설계 업체들이 다투어 자기들이 맡겠다며 치열한 경쟁을 벌였다. 미국의 세계적인 도시설계 업체인 퍼킨스이스트만, 한국의 진아건축과 컨소시엄을 이룬 포스코는 마지막 과정에서 미국과 일본의 업체들을 물리치고 마스트플랜 수립 업체로 선정됐다.

당시 마스트플랜 수립을 진두지휘했던 김병호 전 포스코건설 전무는 "이 마스터플랜 수주는 한국 기업이 세계적인 도시설계 업체들을 물리치고 처음으로 도시설계 부문에서도 인정을 받게 됐다는 것"이라고 평가하고 "이는 앞으로 광역하노이시의 건설 과정에서 한국 업체들이 참여할 수 있는 가능성을 의미한다"고 말했다. 하노이의 사업을 위해서는 광역시에 대한 주택건설 계획은 물론 도로, 전력, 상·하수도, 철도 등 모든 자료를 보유하고 있는 포스코 E&C의 영향력이 절대적이기 때문이다.

포스코 E&C는 하노이 광역시에 대한 모든 자료를 관련 부서와 하노이시 등으로부터 받아 2008년 말부터 본격적인 작업에 착수했다. 수차례의 공청회와 보고회를 거쳐 만들어진 보고서는 2009년 4월 총리실에 1차 보고 됐고, 두 차례의 추가 보고에 이어 2010년 1월 말 최종 마스트플랜이 완성됐다.

앞으로 광역 하노이에서 각종 사업을 하기 위해서는 직접 도시설계를 한 포스코 E&C의 자문을 받는 것이 필수다.

'베트남의 분당' 북앙카잉 신도시 건설

하노이 신도시의 중심이 될 국제회의센터에서 서쪽으로는 12개 차선의 베트남 최대 고속도로가 위용을 드러낸다. 이 고속도로를 달려 불과 10분이면 도착하는 곳에 포스코 E&C가 대형 신도시 프로젝트를 추진 중인 북앙카잉이 있다.

아직은 임시 건물과 공사에 필요한 창고 등이 고작이지만 몇 년 후면 이곳이 한국의 분당이 될 것이다. 현재는 대부분이 논이지만 머지않아 70층이 넘는 초고층 빌딩을 비롯한 대형 상업시설들과 공원, 학교, 체육관 등 공공시설이 들어서고 아울러 8천500가구가 행복하게 사는 주거공간도 만들어질 예정이다.

이 프로젝트는 시작부터 행운이 따르고 있다. 사업승인이 있던 2006년 12월만 해도 이 지역은 하떠이성에 속해 있었지만 2008년 하떠이성이 하노이시에 편입됨으로써 이제는 수도인 하노이가 됐다. 수도로 편입되면서 땅값도 몇 배로 뛰었고 분양 아파트에 대한 시민들의 관심도 덩달아 높아졌다. 2009년 말 처음으로 빌라를 분양했는데, 인기가 하늘을 찌를 듯했다. 처음이라 공식적으로 일반에 분양하지 않고 아는 사람들을 통해 청약분양을 했는데도 입소문을 타고 빌라를 사겠다는 사람들이 줄을 이어 업무가 마비될 정도였다.

곽원갑 북앙카잉 법인장은 "첫 분양이라 혹시 반응이 없지나 않을까 우려했는데 예상 밖의 반응이 나왔다. 입지가 나쁘지 않고 포스코의 신뢰도가 높은 것이 인기를 모은 요인이 됐다고 본다"고 말하고 "앞으로 공식 아파트 분양에도 이런 인기가 지속될 수 있도록 최고의 주거시설을 베트남인들에게 제공하겠다"고 말했다. 국내에서 이미 '더 샵' 이란 아파트 브랜드로 큰 인기를 모으고 있는 포스코 E&C의 베트남 현지 관계자들은 그곳에서도 단연 최고가 되겠다는 각오다.

그러나 이 프로젝트가 처음부터 순조롭게 진행된 것은 아니다. 당초 이 프로젝트는 포스코와 베트남 측 파트너인 국영 건설사 비나코넥스가 함께 하노이에서 서쪽 화락에 이르는 12차선 고속도로를 건설하고, 그 대가로 북앙카잉 신도시 부지를 확보해 사업을 전개한다는 것으로 사업승인이 났었다. 그러나 베트남 정부는 고속도로 공사가 지연되자 그 책임을 포스코에 전가하고 모든 프로젝트에서 포스코를 제외시키려 했다. 이에 포스코는 사내에서 '협상의 달인' 으로 불리는 시대복 전무(당시 상무)를 현지 법인장으로 파견해 베트남 정부와 비나코넥스를 상대로 계약이행을 강력히 요청했다.

의외의 반격에 놀란 베트남 정부는 고속도로는 비나코넥스가 책임지고 건설하되 북앙카잉 프로젝트는 양측이 협력해서 마무리 하도록 중재안을 내놓았다. 결국 포스코는 고속도로 공사에 투입되는 막대한 자금과 인력의 부담을 덜고 북앙카잉 프로젝트는 그대로 추진하는 기대 이상의 성과를 얻었다. 시대복 건축본부장은 "당시만 해도 베트남 측이 한국 업체들을 쉬운 상대로만 생각하는 듯했다. 우리마저 그대로 물러나서는 안 된다는 생각에, 총리와 비나코넥스 회장을 만나 우리 회사의 입장을 강력히 전달하고 이를 받아들이지 않는다면 철수하겠다는 배수진을 쳤다"고 당시의 상황을 설명했다.

불가능을 가능으로 만든
참빛그룹

'육지의 하롱베이' 피닉스골프리조트

2004년 참빛그룹이 베트남에서 54홀 골프리조트를 짓겠다고 했을 때 하노이에 있는 교민들은 큰 기대를 하지 않았다. 그도 그럴 것이 우선 참빛그룹이라는 이름이 생소했고 직접 현장에 나와 모든 업무를 진두지휘하는 이대봉 회장의 활동이 대기업 회장들과는 사뭇 달랐기 때문이다.

참빛그룹은 국내에서는 그런대로 규모가 큰 알찬기업으로 알려져 있었으나 베트남에서는 그렇지 않았다. 1975년 동아항공화물로 본격적인 사업을 시작한 이대봉 회장은 항공물류와 건설제조업, 천연가스에너지, 관광레저 4개 분야에서 14개 기업을 운영하고 있다.

최근에는 서울예고와 예원학교가 있는 서울예술학원을 인수해 교육육영사업도 시작했다. 중국에서는 해란강골프리조트를 운영하고, 백두산의 천지등산로와 온천관광호텔도 갖고 있다.

그러나 베트남 사업은 처음이었다. 또한 베트남 사업은 특수사정이 많아 현지 전문가가 아니면 어려울 때였다. 그럼에도 베트남에 처음 온 이대봉 회장은 자신이 직접 힘겨운 프로젝트를 밀어붙였다. 다른 기업의 회장들은 대부분 중간 간부들이나 골프전문가들을 현장에 배치해 그들로 하여금 모든 것을 준비하게 하고 뒤늦게 결과를 체크하는 게 보통이었다. 하지만 그는 골프장의 위치 선정에서부터 전체 리조트의 청사진과 클럽하우스 설계 등은 물론이고 골프 코스와 그린까지, 세계적으로 유명한 미국의 로날드 프림과 한국의 송호, 일본 MK에서 기본 설계를 하고 나면, 자신이 직접 나서 지휘 감독했다. 베트남 정부와 화빙성 간부들과도 직접 부딪혀 협상을 했음은 물론이다.

당시 피닉스리조트가 하노이 시내에서 자동차로 1시간 이상 걸리는 거리에 있어 너무 멀지 않느냐는 의견들도 있었다. 대부분의 골퍼들은 1시간 이내여야 한다고 생각했기 때문이다. 더구나 베트남의 골프 인구도 많지 않던 당시 상황에서 54홀 골프장을, 그것도 한꺼번에 공사를 하겠다는 그의 계획에 당연히 의구심의 말들이 많았다.

이대봉 회장의 미래 구상에 대해서도 베트남 사정을 잘 아는 사람들은 믿지 않았다. 그는 2005년 3월 초 골프장 기공식을 가진 뒤 1년여 만인 2006년 말 54홀을 완성하겠다고 공약했고 바로 세계규모의 골프대회를 열어 세계적인 골프장으로 인정을 받겠다고 공언했다.

골프장을 만들고 운영하는 과정에서도 이 회장의 경영 방식은 많은 화제를 남겼다. 세계적인 골프장 설계자들이 만든 코스를 협의 끝에 과감히 바꾸는가하면 다른 골프장들이 고객 유치를 위해 각종 인센티브를 내놓기도 했으나 이 회장은 이를 거부했다. 처음부터 인센티브를 남발하면 골프장의 품위가 떨어진다는 게 그의 지론이었다.

그러나 그는 2007년 골프장이 공식 개장을 하기에 앞서 아시아 PGA 투어를 유치해냈다. 신생 골프장으로서 공식 개장 전에 이런 대규모 국제 골프대회를 연다는 게 쉬운 일이 아니었으나, 예상외로 유럽투어 등의 우수 선수 147명이 참가해 대회는 성공적으로 치러졌고 이로 인해 피닉스의 이름은 국내외에 널리 알려졌다.

2008년 공식 개장식에는 국내의 유명 인사들이 대거 몰려와 이 회장의 인맥을 과시하기도 했다. 이수성 전 총리와 박관용 전 국회의장, 신승남 전 검찰총장 등 100여 명의 유명 인사들이 피닉스리조트의 개장을 축하하기 위해 모여들었다.

이처럼 숱한 화제를 뿌리며 문을 연 지 3년여가 지난 지금, 피닉스리조트는 과연 어떤 평가를 받고 있을까? 결론부터 말하자면 성공적이다. 현재 피닉스 리조트는 국내에서도 잘 알려진 유명 골프장이 됐다. '육지의 하롱베이' 로 불리는 리조트의 경관은 한 번 들른 사람이라면 꼭 다시 올 수 있기를 기대한다. 그래서 국내에서 이 리조트를 찾는 골퍼들은 대부분 전에 한 번 가본 적이 있는 사람들이라는 게 윤철호 사장의 말이다.

2007년 아시아 PGA골프대회에 참가한 선수들도 한결같이 코스의 아름다움에 감탄사를 연발했다고 한다. 아마도 현 시점에서 베트남 정부에 100만 평에 이르는 아름다운 이곳을 골프장 부지로 허가해달라고 하면 절대 그럴 일이 없는 것은 물론이고, 지금은 돈을 주고도 살 수 없으며, 미국 · 일본 등 선진 각국이 부러워하고 있다.

초기에 우려했던 문제들도 대부분 해결됐다. 하노이 공항에서 1시간 20분 소요되던 거리는 곧 완공될 10차선 랑-화락 고속도로의 개통으로 1시간 이내로 줄어들게 됐다. 과잉투자에 대한 우려도 베트남인들이 골프채를 잡기 시작하면서 상당 부분 해소되고 있다. 최근 경제 위기로 주춤하긴 하지만 회원권을 구매하는 현지인들의 수가 점차 늘어 주말에는 3개 코스가 붐빌 정도다.

이 회장의 공언도 대부분 현실화되고 있다. 이미 아시아 PGA투어가 열렸고 베트남의 골프 열기가 살아나면 매년 국제오픈대회 개최도 어렵지만은 않을 것이다. 천혜의 경관에 멋진 코스를 갖추고 있어 좀 더 관리를 강화하면 美 PGA대회 유치도 가능해 보인다. 다만, 하노이 인근에 골프장들이 다투어 문을 열고 있는데 반해 베트남인들의 골프 열기는 아직 본격적으로 살아나지 않고 있는 게 앞으로 해결돼야 할 과제다.

하노이 노른자위 땅에 5성급 호텔과 오피스

참빛 그룹의 무모(?)한 도전은 골프장에서 끝나지 않았다. 피닉스리조트 공사를 성공적으로 궤도에 올려놓은 이대봉 회장은 베트남을 자신이 모든 것을 걸 최적의 장소라고 생각하고 또 다른 프로젝트를 구상했다.

이 과정에 필자가 이 회장을 도울 수 있었던 것은 우연의 일이었다. 필자가 두 번째 특파원으로 하노이에 간 뒤 두 달여 만인 2006년 4월경 이대봉 회장으로부터 상견례를 하자는 연락을 받았다. 하노이에서 이

회장에 대한 얘기는 여러 경로를 통해 들었고 몇 번 얼굴은 봤지만 직접 대면해서 식사를 하기는 처음이었다.

식사를 하면서 이 회장의 사업에 대한 열정과 사업가로서의 예리한 판단력을 읽을 수 있었다. 식사가 끝나고 헤어지기 직전 이 회장은 사업에는 문외한인 필자에게 좋은 사업 아이디어가 있으면 알려 달라고 부탁했다. 사업 9단이 아마추어에게 조언을 부탁하는 꼴이었다.

그러나 우연이었을까? 그날 베트남 통신에는 하노이시 의회가 2010년 '하노이 정도 1천년 기념 행사'를 위해 특급호텔을 짓는 사업자에게는 시가 보유하고 있는 좋은 땅을 주겠다는 기사가 있었고, 필자는 이를 이 회장에게 얘기했다. 이 회장이 바로 호텔 준비에 착수했음은 물론이다.

이날의 대화가 참빛그룹이 하노이 신시가지 중심에 곧 개장할 하노이플라자호텔과 오피스프로젝트의 시발이 됐다. 이 프로젝트는 골프장보다 훨씬 크고 어려운 사업이었다. 미국, 일본 등 8개국 38개 업체가 참가한 이 프로젝트는 입찰에서 최종 사업자로 선정되기까지 여러 가지 난관이 있었다. 피닉스리조트의 성공적인 추진이 도움이 되긴 했지만 베트남 요인의 친척과 맞대결한 마지막 선정 과정은 거의 불가능에 가까운 상황이었다. 그러나 "무슨일이 있어도 기간 내에 호텔을 개장하겠다"는 이 회장의 역설에 하노이시는 결국 참빛의 손을 들어줬다.

그렇게 어렵게 유치했지만 지하 2층 지상 28층의 쌍둥이 빌딩을 짓는 프로젝트는 결코 만만치 않았다. 연면적 5만3천 평에 달하는 이 프로젝트는 호텔과 오피스, 백화점으로 나뉘는데 호텔의 경우 객실 수만 618실에 이르러 하노이에서 가장 큰 대우호텔의 1.5배나 된다. 투자액만 1억2천만 달러(약 1천600억 원)가 넘는 대형 사업이다. 그러나 이 회장은 프로젝트를 3년 안에 끝내겠다고 약속했다. 그는 모든 공사를 전문 대형 건설업체에 맡기지 않고 전문건설업자와 본인이 직접 추진했다. 처음에는 베트남의 국영 비나코넥스에 공사를 맡겼으나 공사가 제대로 진척되지 않자 아예 모든 걸 자신이 맡아 버렸다. 건축에서부터 전기 배선과 닥트는 물론 인테리어에 이르기까지 직접 업체를 골라 공사를 지휘했다.

베트남의 특수사정으로 공사는 이 회장의 생각처럼 2009년 말까지 끝나지는 않았지만 2010년 10월 '하노이 정도 1천년 행사'에 맞춰 호텔의 문을 열수 있게 된 것은 기적에 가깝다는 말이 나올 정도다. 하노이시 관계자들은 "이 행사에 대비해 여러 개의 특급호텔 프로젝트가 추진되고 있지만 실제로 행사 전에 호텔을 완공할 수 있는 곳은 한국의 참빛뿐"이라며 플라자호텔에 많은 관심을 보이고 있다.

이 회장의 배짱과 열정이 만든 성과

내로라하는 재벌 그룹들이 베트남에서 고전하고 있는 것과는 달리 잘 알려지지 않은 참빛그룹이 이렇게 대형 사업을 제대로 해내고 있는 요인은 무엇일까?

아마도 그 대부분은 이 회장의 일에 대한 열정과 애정일 것이다. 올해 나이 69세로 고등학교 중퇴가 고작인 이 회장이 베트남에 와서 특별히 내세울 것은 많지 않았다. 후에 서울대와 고려대 등의 대학원 과정과 최고경영자 과정을 통해 탄탄한 학습과 인맥을 쌓은 것은 빼고 하는 얘기다.

오로지 내세울 것은 한국인이 자랑하는 두둑한 배짱과 열정뿐이었다. 앞서도 언급했지만 당시 상황으로 볼 때 하노이에서 1시간 이상 떨어진 거리에 54홀 골프 코스를 한꺼번에 짓는다든지 600여 개의 객실을 가진 호텔과 오피스를 전문 대형건설업체에 맡기지 않고 직접 건설한다는 것은 그가 아니면 하기 힘든 일들이었다.

그러나 그는 앞을 내다보고 시간이 지나면 자신의 판단이 맞을 거라고 장담했고 실제로 척척 들어맞아 가고 있다. 아마도 이런 배짱은 남들에게는 무모한 것으로 보이지만 본인으로서는 오랜 기간 쌓아 온 사업적 감각이 아닐까.

이 회장에게서 가장 돋보이는 것은 단연 일에 대한 열정과 애정이다. 칠순을 앞둔 나이에 일주일의 반은 국내에서, 나머지 반은 하노이와 중국에서 보내는 게 쉬운 일은 아니다. 항공 여행을 자주 하는 사람이라면 일주일에 두세 번씩 비행기를 탄다는 건 고문에 가까운 일이라는 걸 알 수 있다. 이 회장은 지난 10년간 이를 거의 매주 반복해 오고 있다.

뿐만 아니다. 서울, 하노이, 중국 그 어디에 있든지 예외없이 아침 5시면 일어나 1~2시간 자신이 직접 개발한 운동을 한다. 그리고 바로 골프코스를 18홀씩 관찰하고 잘못된 곳을 지적해 시정함으로써 아름다운 골프코스를 지속적으로 유지 · 관리하고 있다.

호텔을 지으면서 그의 열정은 정점에 이르렀다. 매일 30층 호텔과 오피스 빌딩을 오르내리며 전기 배선과 닥트 인테리어 등 모든 것을 하나하나 챙긴다. 아마 다른 사람들이라면 전문 지식이 없어서도 전문가들에게 알아서 잘 하라고 할 것이다. 그러나 그는 지금도 전문가를 능가하는 지식을 갖고, 수만 가지에 이르는 진행 과정을 거의 모두 기억하는 능력을 보여주고 있다. "이 회장이 호텔 프로젝트에 너무 많은 열정을 쏟아 공사가 마무리되면 허탈해하지 않을까"라고 주위 사람들이 우려할 정도다.

참빛그룹의 또 다른 면모는 장학사업과 학교법인사업이다. 1987년 서울예고에 다니던 막내아들 대웅 군을 불의의 사고로 잃은 이 회장은 이듬해 '이대웅장학회'를 설립했다. 이를 통해 그는 중국과 베트남에서도 활발한 장학사업을 벌이고 있다. 베트남에서는 2007년부터 현재까지 전쟁 유자녀 300명에게 장학금을 지급하고 있다. 국내에서는 최근 아들이 다니던 서울예술학원을 인수해 교육사업도 시작했다.

그렇게 힘들게 일해서 번 돈 110억 원과 14층 빌딩을 수익사업이 아닌 학원 운영에 선뜻 내놓는 이대봉 회장의 큰 뜻을 보통사람으로선 이해하기가 쉽지 않다. 이 회장은 앞으로 예원학교 증축을 시작으로 5년 이내에 300억 원을 추가 투자해 컨벤션센터를 건립, 한국뿐 아니라 세계에서 제일 앞선 영재 학교가 되겠다는 계획을 갖고 있다.

베트남 최대 투자그룹
금호아시아나

전 계열사가 베트남 진출 추진

국내 대기업 중 베트남에 가장 많은 투자를 한 회사, 옛 대우그룹에 이어 베트남에 가장 많은 공을 들인 기업. 그래서 한때 '제2의 대우'를 겨냥해 베트남에 올인했다는 말을 듣기도 한 그룹. 바로 금호아시아나를 일컫는 말이다.

한국과 베트남이 수교를 한 이듬해인 1993년 일찌감치 아시아나 항공을 호찌민에 취항시킴으로써 베트남과 첫 인연을 맺은 금호아시아나는 현재 금호건설과 대우건설, 금호타이어, 대한통운, 금호레저, 금호고속, 금호아시아나장학재단 등 거의 모든 계열사들이 진출해 있다.

2007년 박삼구 당시 회장이 계열사 사장들을 하노이 대우호텔에 모아놓고 "각 사마다 베트남에 투자할 수 있는 방안을 찾아보라"고 지시하면서 본격화한 금호그룹의 베트남 투자는 2008년부터 시작된 글로벌 금융위기와 그룹의 자금사정 등으로 지금 다소 주춤해지긴 했으나 여전히 국내그룹 중 최대 규모를 자랑한다.

금호의 베트남 투자는 시작은 빨랐으나 본격적인 투자는 오히려 다른 기업들보다 늦었다. 아시아나 항공을 베트남에 취항한 뒤 1990년대 후반 베트남 정부로부터 호찌민 최대 상업중심지인 레주언 거리에 있는 노른자위 땅을 확보했으나 갑자기 불어닥친 IMF 금융위기 때문에 이 땅을 포기하는 불운을 맞기도 했다.

그러나 2000년대 들어 아시아나항공의 급성장으로 다시 자신감을 얻은 금호는 2003년 아시아나의 하노이 취항을 성사시키면서 다시 베트남에 관심을 보이기 시작, 사이공투어리스트에 넘겼던 레주언 부지를 되찾고 현재의 금호아시아나플라자 건설 사업에 착수했다. 2006년 착공한 아시아나플라자는 3년 만인 2009년 9월 완공돼 현재 영업 중이다.

아시아나플라자는 세계적인 호텔그룹 인터컨티넨털이 운영하는 특급호텔과 아파트, 오피스 3개 동으로 이뤄져 있는데 포스코의 다이아몬드플라자와 함께 한국의 베트남 진출을 상징하는 건물로 자리 잡았다.

금호그룹은 대우건설 인수로 수도 하노이에 한국을 대표하는 대우호텔을 확보한 데 이어 아시아나플라자까지 완공함으로써 베트남 양대 도시에 본격 진출할 거점을 마련한 셈이다. 이를 발판으로 한 금호의 투자는 신속하게 이루어졌다.

2006년부터 호찌민 인근 빈증성에 짓기 시작한 금호타이어 공장이 본격 가동에 들어갔고 금호고속과 금호렌터카, 대한통운이 잇따라 사업에 착수했다.

총 1억9천600만 달러를 투자한 금호타이어는 베트남 최초의 현대식 공장에서 연간 315만 개의 타이어를 생산해내고 있다. 또 2007년과 2008년 호찌민의 삼코, 하노이의 비엣탄과 합작한 금호고속은 베트남의 고속버스라인을 접수하기 시작했다. 호찌민에서는 캄보디아, 태국으로 가는 장거리 라인을 시도하고 있고, 하노이에서는 가장 수요가 많은 하노이-하롱베이 라인이 인기를 모으고 있다. 금호렌터카는 외국기업으로는 처음으로 500만 달러를 투자해 독립법인으로 렌터카 사업을

시작했다. 이 밖에 대한통운은 2009년 대한통운사이공포트라는 합작 법인을 만들어 바리아 붕타우 지역에 건설된 포스코 냉연공장 전용부두의 물류 이송을 담당하고 있다.

박삼구 명예회장의 베트남 사랑

금호그룹이 이처럼 베트남에 집중적인 투자를 하게 된 데는 박삼구 명예회장의 베트남에 대한 확신과 애착이 가장 크게 작용했다.

박 회장은 평소 베트남에 대해 좋은 인상을 가지고 있었고 대우건설을 인수하면서 베트남에 대한 애착이 본격화된 것으로 보인다. 박 회장은 언젠가 하노이에서 필자와 운동을 하면서 베트남에 대한 남다른 애정을 말한 적이 있다. 그는 "베트남은 풍부한 천연자원과 우수한 인적 자원, 동남북 아시아를 잇는 지정학적 위치 등 많은 장점이 있으며 특히 국민들의 높은 교육열과 명석한 두뇌, 일에 대한 열의와 근면성은 다른 나라에서 찾아보기 힘들 정도"라고 찬사를 아끼지 않았다.

현재 금호그룹의 베트남 사업들은 바로 박 회장의 이러한 베트남 사랑에서 비롯된 것으로 보인다. 현재 호찌민 중심가에 우뚝 서 있는 아시아나플라자만 해도 박 회장이 아니었으면 중단됐을 가능성이 높은 사업이었다. 1990년대 부지를 포기했다가 이를 다시 찾아온 것도 웬만한 결심이 아니면 힘든 작업이었고 공사가 한창 진행될 무렵부터 그룹의 자금난이 현실화돼 금호가 이 프로젝트를 다른 곳에 넘길 것이라는 소문도 파다했었다. 당시 베트남 본부장을 맡았던 장복상 현 금호건설 경영본부장은 "한국 언론의 보도를 접한 베트남의 파트너 업체들이 전화를 해서 '너희 회사 괜찮냐' 고 물어올 때는 당장 달려가서 한 대 때려주고 싶었다"고 괴로움을 밝힌 적이 있다.

박 회장은 어려운 상황에서도 베트남 사업만은 그대로 밀어붙여 오히려 그룹이 어려움을 겪은 2008년 이후 베트남 사업은 계속 확대되고 있다. 아시아나플라자가 보란 듯이 완공돼 영업을 하고 있고 금호고속과 렌터카의 영업이 확장되고 있으며 대한통운까지 베트남에서 사업을 시작했다.

금호건설은 아시아나플라자의 성공을 토대로 하노이에서는 또 하나의 대형 프로젝트인 장보메찌 개발사업을 추진하고 있다. 하노이 장보거리에 있는 전시장 부지 2만여 평에 한국의 코엑스와 같은 종합전시장을 지어주는 대신, 신도시 국제회의장 인근에 아파트 부지를 받아 개발하는 이 프로젝트는 성사 시 금호아시아나 그룹의 베트남 진출에 가장 큰 성과물이 될 것으로 기대된다.

이 밖에 대우그룹이 국내 업체들과 컨소시엄을 이뤄 추진하는 떠이호떠이 신도시 프로젝트도 하노이의 지도를 바꾸는 대형 사업이다. 이 사업은 하노이 노이바이 공항에서 시내로 진입하는 입구에 있어 위치가 좋고 주변에 시푸차 등 다른 프로젝트들이 이미 진행 중이어서 투자가치가 높다. 부지 내 주거시설의 보상 문제로 시간이 많이 걸렸으나 이제는 마무리 단계여서 본격적인 사업 추진이 임박한 것으로 보인다.

베트남을 감동시킨 장학사업

박 회장의 베트남 사랑은 각종 장학사업으로 이어졌다. 박 회장은 "우리의 사업이 베트남에서 일시적이 아니라 제대로 뿌리를 내리려면 양국 간 문화교류를 장려하고 인재들을 지원 · 육성하는 장학사업이 필요하다고 주장했다.

이를 위해 금호그룹은 2007년 12월 하노이 대우호텔 그랜드볼룸에서 양국 관계자들이 모인 가운데 금호아시아나 베트남장학문화재단을 설립했다. 현지 교육부 관계자들을 중심으로 구성된 이 장학문화재단은 베트남의 인재양성을 위한 장학사업과 전통민속예술지원을 포함한 문화예술 사업을 후원한다고 명시하고 있다.

이 재단에서는 또 해마다 베트남 학생들의 한국어 말하기 대회도 열어 입상자들을 한국에서 연수할 수 있도록 하는 등 전폭적인 지원을 하고 있다. 특히 금호아시아나는 한국에서는 베트남문화주간을, 베트남에서는 한국문화주간을 만들어 양국 간 문화 교류에 힘쓰고 있다.

2003년부터 아시아나항공의 하노이 취항을 담당해 현지 지점장으로 활약했던 심상규 아시아나항공 홍보팀장은 "우리 그룹은 특히 생각과 문화가 다른 외국과의 사업은 돈과 머리로만 하는 게 아니라 마음으로 해야 한다고 배웠기 때문에 그들 속으로 들어갈 수 있는 문화교류와 그들의 어려움을 해소해주는 데 많은 노력을 기울이고 있다"고 강조했다.

태광비나는 몰라도 박연차 회장은 안다

나이키 신발 하나로 대표 한국기업 차지

베트남에서 성공한 한국 기업 하나를 고르라면 아마도 많은 사람들이 태광비나를 꼽을 것이다. 태광비나는 박연차 회장이 운영하는 신발 제조회사 태광실업의 베트남법인으로 비나는 베트남의 줄임말이다.

현재 베트남에는 1천여 한국 기업들이 진출해 저마다 최선을 다하고 있고 태광비나보다 훨씬 더 높은 성과와 매출을 기록하는 기업들도 적지 않다. 그럼에도 많은 베트남인들이나 현지 교민들에게 물어보면 태광비나를 대표기업으로 꼽는 경우가 많다.

그 이유는 태광비나가 국내 기업으로는 비교적 빠른 시기에 베트남에 진출해 안정된 성과와 눈에 띄는 고용을 이룬 데 따른 것으로 짐작된다. 또 2008년까지 베트남 명예총영사로 활약한 박연차 회장의 개인적인 위상도 상당한 몫을 했을 것이다.

태광비나가 베트남에 첫발을 디딘 것은 한국과 베트남의 수교가 이루어진 직후였다. 양국 간 국교가 수립된 1992년 이듬해 태광은 베트남

진출을 시도했고 그 다음해인 1994년 7월 베트남 정부로부터 투자 승인을 받아냈다. 국내 기업으로는 대우호텔과 비슷한 시기에 첫 대규모 투자가 이루어진 셈이다.

베트남과의 수교만을 학수고대하던 태광의 행보는 빨랐다. 국내에서는 이미 사양길에 접어든 신발사업이 앞으로 수십 년 버틸 곳은 중국과 베트남이라고 판단한 박 회장은 수교 전부터 베트남에 많은 공을 들였다. 그리고 투자 허가가 이뤄지자마자 바로 공장 건설에 착수해 투자 승인 후 불과 7개월여 만인 1995년 4월 30일 공장을 완공, 그 해 7월 15일 첫 완제품을 생산해내는 놀라운 사업 속도를 보인다. 이미 국내에서 나이키 신발로 자리를 잡은 태광은 베트남 사업에 정성을 쏟은 결과 놀라운 성장세를 보여 10년 만인 2004년 6월 월 100만 족 생산 목표를 달성해낸다.

베트남의 대표 한국 기업으로 성장한 태광은 이때부터 호찌민을 찾는 한국인 VIP는 물론 베트남이나 다른 외국인 VIP들에게도 가장 성공한 기업 모델로 반드시 방문해야 하는 VIP코스가 됐다. 베트남 최대 도시 호찌민으로부터 동쪽으로 한 시간여 거리의 동나이성 비엔화 공단에 있는 태광비나는 6만3천여 평의 대지에 2만여 명의 직원들이 매월 100만 족 이상의 나이키 신발을 만들어내고 있다. 태광비나의 신화는 여기에서 그치지 않는다.

2008년 제2공장 증설, 2009년 개발센터 완공에 이어, 박연차 회장이 뇌물수수 사건으로 국내에서 옥고를 치르고 있는 동안에도 캄보디아 접경 목바이에 동나이 공장에 버금가는 또 하나의 목바이 공장을 건설하고 있다. 동나이 공장과 같은 규모의 목바이 공장은 754만 달러를 투자해

2010년 8월 정식 가동, 1만5천여 명의 종업원들이 연간 1천만 족의 신발을 생산하고 있다.

이로써 태광비나는 베트남에서 3만5천여 명의 직원을 보유하고 월 200만 족의 신발을 생산해 나이키 생산 업체 중 최대 규모를 자랑하게 됐다.

발전사업으로 제2의 도약 준비

태광은 신발사업의 성공과 박연차 회장의 탄탄한 인맥을 활용해 베트남에서 새로운 도약을 노리고 있다. 그 대상은 바로 발전 사업.

이미 태광은 신발 사업 외에 호찌민 인근 연짝 지방에 골프리조트를 건설하기도 했지만 본격적인 탈바꿈은 2006년부터 시작됐다. 신발사업을 하면서 전력 부족으로 인한 어려움을 직접 체험한 박 회장은 신발로 자신에게 큰 돈을 벌게 해 준 베트남의 미래를 위해서라도 발전사업을 하고 싶다는 포부를 일찍부터 밝혀왔다.

베트남은 대부분의 전력을 수력에 의존하는데 최근 10년간의 산업발전으로 전력량이 크게 부족해 중국과 라오스 등지에서 전력을 수입하고 있는 상황이다. 2006년 동나이강 하류에 베트남 정부가 지정한 발전부지를 염두에 둔 태광은 적극적으로 부지 확보 작업을 시도했으나 주민들의 반대와 베트남 정부의 소극적인 태도로 유치에 실패했다.

그러나 발전사업의 꿈을 포기하지 않은 박 회장은 한국전력 부사장을 지낸 발전전문가 박용택 씨를 영입해 더욱 신경을 쏟은 결과 2008년 하노이에서 남쪽으로 두 시간여 거리에 있는 남딩성에 새로운 입지를 찾아냈다. 베트남 국영전력회사인 EVN 등과 함께 새로운 부지를 찾은 태광은 바로 남딩성과 발전사업 추진을 위한 양해각서에 서명하고 하노이 사무실을 개설하는 등 본격 준비에 들어갔다.

당초 정부의 발전사업 리스트에 들어있지 않은 남딩의 땅을 발전소 입지 리스트에 포함시키는 작업에서부터 관련 부처들의 승인을 얻어내는 일까지 모두 여간 어려운 게 아니었다. 발전소 입지와 관련된 부처는 기획투자부를 포함해 산업부, 자원환경부, 농수산부, 지방부, 등 10여 군데나 됐다. 이들 부처 중 어느 한 곳에서라도 이의를 제기하면 입지 활용이 불가능해진다. 관련 부처에서 의견을 조율해 총리실에서 최종 결정이 내려지면 첫 고비는 넘기는 셈이다.

다음으로 중요한 것은 발전소를 가동할 때 필요한 석탄 등의 원료를 확보해야 한다. 석탄은 국영 광업공사가 담당하고 있는 만큼 또 다른 접촉이 필요하다. 태광은 언제나 그랬듯이 박 회장의 인맥을 동원하고 태광의 국내 계열사인 휴켐스가 광업공사에 매우 중요한 품목을 수출하는 것을 활용해 비교적 쉽게 이 문제를 해결했다. 역시 세상사는 주는 게 있으면 받는 게 있는 법인가 보다. 박 회장의 어려운 상황 속에서도 태광의 발전사업은 차질없이 진행되고 있다. 2009년 연초에는 주무 부처인 산업부의 주관으로 박석환 신임 주베트남 한국 대사가 참가한 가운데 발전사업 본격 추진을 위한 양해각서가 발효되기도 했다.

물론 이 발전사업이 확정되기 위해서는 아직 갈 길이 멀다. 가장 중요한 전력요금 협상이 큰 걸림돌이고 수십억 달러에 이르는 자금조달도 간단치 않은 문제다. 베트남은 국민들의 공공요금 부담을 줄이기 위해 전력요금을 아주 싸게 책정해 놓고 있기 때문에 정부가 이 전력요금을 올리지 않으면 발전을 한다 하더라도 손해를 볼 수밖에 없기 때문이다. 전력요금 문제와 자금조달 계획이 합의돼야 베트남 정부로부터 최종 사업 승인을 받을 수 있다.

그러나 발전사업의 경우, 사업승인이 난다 해도 발전소를 만들어 전력을 본격 생산하는 데는 상당 기간이 걸린다.

영원한 베트남 명예총영사 박연차 회장

박연차 회장은 지금은 자신이 직접 만들고 그렇게 자랑스럽게 생각하던 베트남 명예총영사 자리를 내놓았다. 2008년 말 뇌물수수 사건으로 현재 형을 받고 있기 때문이다. 그러나 그는 영원한 명예총영사다.

응웬 떤 중 베트남 총리는 '2009년 제주 한-아세안 정상회의' 에 참석하기 위해 한국을 공식 방문했을 때, 형 집행 중인 박 회장 대신 태광실업 사장을 맡고 있는 장녀 박선영 씨를 만나 "발전사업을 차질없이 추진해 달라"고 부탁했다. 박 회장에 대한 베트남 정부의 믿음을 실감할 수 있는 대목이다.

이러한 베트남 정부의 박 회장에 대한 믿음은 바로 박 회장의 베트남 사랑에서 비롯됐다. 태광은 베트남 외에 중국 칭다오에도 비슷한 규모

의 신발공장을 갖고 있지만 최근에는 그 규모를 오히려 줄이고 있다.

2009년 박 회장이 서울 구치소에 수감돼 있을 때 필자는 중국 칭다오에서 온 한인 회장단과 면회를 간 적이 있다. 이 자리에는 태광 칭다오 공장에 근무했던 인사도 있었지만 박 회장은 20여 분간의 면회 시간 동안 중국 관련 대화는 1~2분에 그치고 나머지 시간은 베트남 얘기만 했다. 그는 "이제 중국은 더 이상 사업을 하기가 어렵고 베트남은 10년 이상 가능할 것"이라고 주장했다. 칭다오 한인 회장단에는 다소 미안했지만 박 회장의 베트남에 대한 관심을 한 번 더 확인할 수 있는 자리였다.

박 회장은 일년 중 거의 3분의 1을 베트남에서 보낸다. 사업 내용 면에서도 국내보다 베트남에 더 관심을 갖고 있는 듯하다. 그는 "베트남은 노력한 만큼 정확하게 성과가 돌아오는 게 매력"이라고 말한 적이 있다. 그는 베트남 말을 거의 못하고 영어에도 능숙하지 않지만 오로지 베트남에 대한 관심 하나로 이곳에서 가장 성공을 한 기업인이 됐다.

박 회장은 기업인으로서만이 아니라 오히려 가장 영향력 있는 외국인의 한 사람으로 평가 받고 있다. 그는 일찌감치 양국 관계 진전에 관심을 보여 베트남 외교부 관계자들과의 접촉을 계속했다. 외교 관계자들을 공적으로 사적으로 지원하고 매년 이들을 상대로 한 골프대회를 개최하는가 하면 2008년에는 하노이 꺼우저이 지역에 외교부 전용 골프연습장을 지어주기도 했다. 매년 열리는 한-베트남 친선 골프대회에는 국내의 유명 프로들이 동반해 베트남 정부 고위관계자들과 만남의 자리를 갖기도 했다.

이러한 노력으로 베트남 명예총영사의 직위를 얻은 박 회장은 한국을 찾는 베트남 관계자들에게 반드시 식사를 대접하거나 부산으로 초청해 본사를 방문하게 하는 등 배려를 아끼지 않았다. 명예총영사로서의 업적으로는 하노이와 부산 사이에 아시아나항공을 취항케 한 것을 들 수 있다. 이 노선은 승객이 많지 않아 항공사들이 꺼렸지만 박 회장은 적자가 나면 지원해 주겠다며 개설을 종용했었다. 그 후 이 노선은 베트남 붐으로 큰 효과를 보았지만 지금은 글로벌 경제위기로 주춤한 상태다.

박 회장은 베트남에 대한 지원뿐 아니라 교민들에 대한 지원도 아끼지 않았다. 1990년대 후반 국내 학자로는 처음 베트남 남부의 달랏 대학에서 농업을 가르친 '난초박사' 김진국 교수가 대학과 인근 농가에서 키운 배추와 야채들을 처분하기 어려워 고민할 때 전량을 사서 회사의 식당에서 소화하고 남은 분량은 교민들에게 나눠 준 일은 오랫동안 회자된다. 또 호찌민에 한국학교가 세워질 때 누구도 예상하지 못했던 10만 달러를 선뜻 내놓는가 하면 추가로 10만 달러를 장학금으로 내놓기도 했다.

박 회장은 2007년경 필자와 하노이의 한 식당에서 식사를 하면서 "권형, 솔직히 내가 어려운 가정에서 태어나서 배운 것 없이 맨손으로 이만큼 성공했으면 잘한 것 아닙니까? 이제는 내가 돕고 싶은 사람들 돕고, 하고 싶은 것 하고, 쓰고 싶은 것 쓰는 것이 맞는 것 아닙니까?"라고 말한 적이 있다. 박 회장의 삶의 방식을 있는 그대로 토로한 말이 아닌가 생각된다. 주위에서 본 박 회장이 남들과 다른 것은 남의 이목에 구애받지 않고 자신의 철학대로 살고자 한다는 점이다.

이러한 그의 성격을 잘 아는 사람들은 박 회장의 뇌물수수 건이 적어도 특정한 대가를 바라고 한 일은 아닐 거라고 이야기하곤 한다.

베트남 법인
미래에셋증권

외국기업 최초 베트남 법인 설립

2007년 12월 베트남 국가증권위원회(SSC)는 한국의 미래에셋증권이 베트남에서 종합증권사 설립을 승인받았다고 발표했다. 그 해 8월 SSC로부터 증권사 설립을 위한 예비인가를 받은 지 불과 4개월 만이며 미래에셋이 베트남에 진출해 업무를 시작한 지 1년여 만의 성과였다.

특히 이 종합증권사 설립 승인이 관심을 모은 것은 국내는 물론 전 세계에서 몰려 든 세계적인 증권사들이 다투어 법인 설립을 신청해 놓고 있는 가운데 예상을 뒤엎고 후발 주자 중의 하나인 미래에셋이 가장 먼저 승인을 얻어냈기 때문이다.

메릴린치증권을 비롯한 세계적인 증권사들과 국내의 일부 증권사들은 종합증권사 설립이 어려워지자 현지 베트남 증권사에 지분 참여 방식으로 투자를 하기도 했다. 그러나 미래에셋은 현지 컨설팅 회사를 파트너로 삼아 본격적인 현지 영업이 가능한 증권법인을 만들어냈다. 100% 단독 투자로 법인을 설립하고 싶었지만 국가증권위의 규정을 어길 수 없어 조인트벤처 형식으로 법인을 만들었다. 하지만 업무 결정을 언제든지 우리 의사대로 할 수 있도록 파트너 업체의 지분과 의사결정 참여는 최소한으로 제한했다.

베트남은 이때까지만 해도 돈의 흐름을 좌우하는 금융산업에 외국 기업의 참여를 두려워해 100% 외국법인 설립은 못하도록 규정해놓고 있었다. 베트남의 증권거래 업무가 2000년 말에 시작됐으니 여섯 살 남짓한 어린애 증권산업을 자금능력이 뛰어나고 엄청난 노하우를 가진 외국 업체에 개방하고 싶지 않은 것은 베트남으로서는 당연했다.

미래에셋 역시 법인 설립에 앞서 다른 업체와 마찬가지로 현지 업체에 대한 지분 참여나 현지 업체를 인수하는 방안을 검토해 보지 않은 것은 아니다. 그러나 검토 결과 지분 참여는 우리의 선진 기법과 노하우를 전혀 반영할 수 없어 대상에서 제외했고 현지 증권사 인수는 두 배 이상의 자금이 드는 것으로 조사됐다. 특히 현지 업체와의 지분 참여나 직접 인수는 현지 업체의 영업 경력이 짧아 도움받을 게 거의 없고 현지 경영인들을 그대로 받아들일 경우 예상되는 마찰이 클 것이라는 조사 결과가 나왔다. 그래서 미래에셋은 일찌감치 신규법인 설립을 결정하고 이를 위한 총력전을 시작했다.

우선 '일은 사람이 한다'는 박현주 회장의 방침에 따라 업무를 담당할 사람을 구했다. 적임자로는 삼성물산 건설부문의 현지 법인장을 맡고 있던 정성문 법인장이 선정됐고 본사 전략기획본부가 주축이 돼 법인 승인권을 따내기 위한 작업이 진행됐다.

작업은 순탄치만은 않았다. 1년간의 시간이 특별팀에는 10년과도 같은 긴 시간이었다. 며칠이면 끝날 것이라고 했던 법인 신청서류 준비 작업은 몇 달이 가도 끝나지 않았고 베트남 정부 관계자의 비협조와 자고 새면 바뀌는 외국인 증권사 설립 규정은 아예 하노이 출장자들을 대우 호텔을 떠날 수 없게 만들었다. 몇 주 출장자들이 아예 하노이 호텔에서 장기 투숙을 하는 예기치 않은 일들도 벌어졌다. 팀원들은 호텔에서 기다리지만은 않았다. 자주 바뀌는 규정을 한시라도 빨리 알아내기 위해 증권위원회 직원들을 만나야 했다. 그러나 직원들은 팀원들을 만나주지 않았다. 팀원들은 궁리 끝에 새벽부터 그들이 자주 들르는 쌀국수 집을 찾아다녔다. 베트남 사람들은 집 가까이에 있는 쌀국수 집에서 아침을 먹는 경우가 많기 때문이다.

선진기법과 노하우로 베트남시장 장악 기대

미래에셋의 냉철한 판단력은 첫 베트남 펀드에서도 잘 나타났다.

베트남이 가장 유망한 신흥시장으로 각광받던 2006년 말 한국의 증권사들은 베트남 펀드에 열을 올리기 시작했다. 그해 베트남 호찌민 증권시장의 VN지수는 두 배 이상 상승해 1000포인트를 육박하고 있었다.

가장 먼저 2006년 6월 말 한국투자증권이 월드와이드 혼합증권을 선보였고 수개월 만에 50% 이상의 성과가 나오자 한국투자증권은 11월

적립식투자신탁과 월드와이드혼합2를 잇따라 내놓았다. 미래에셋도 12월 3천억 원을 목표로 맵스오퍼튜니티주식혼합펀드를 출시했다. 반응은 폭발적이었고 며칠 만에 1천억 원 이상이 팔려나갔다.

그럴 수밖에 없었던 것이 당시만 해도 베트남은 한해 평균 10% 이상의 고도성장을 지속했고 전 세계 선진국들이 다투어 베트남 시장을 찾고 있었으며 출범 4~5년 밖에 되지 않은 베트남 증시는 하늘 높은 줄 모르게 치솟고 있었다. 지수 1000포인트를 넘어서는 것은 시간 문제였다.

그러나 무슨 일인지 미래에셋은 며칠 만에 펀드 판매를 중단했다. 베트남 증시가 지나치게 과열되고 있다는 판단에서였다. 이러한 미래의 판단은 당시로서는 오판으로 보였다. 국내에서는 많은 고객들이 베트남펀드 판매를 계속해 줄 것을 요청하기도 했다. VN지수는 2007년 들어서도 계속 올라 미래의 판단을 비웃었고 3월에는 최고점인 1170.67포인트를 기록하기도 했다.

그러나 이때부터 상황은 달라졌다. 잘나가던 주식시장이 슬슬 뒷걸음질을 치기 시작했다 그런데도 국내 업체들의 펀드 발행은 이어졌다. 베트남 주식은 한때 지수 300선을 오르내리더니 지금은 500선에 머물고 있다. 많은 국내 펀드의 수익률이 마이너스 44%까지 떨어진 곳도 있다. 미래에셋은 그러나 판매를 조기 중단하고 비교적 우량주에 투자를 한 덕에 그나마 마이너스 9.21%에 그쳐 국내업체 중에서는 손실이 가장 적었다.

자산운용 현지 대표사무소의 소진욱 사무소장은 "베트남 시장은 당장 회복을 기대하기는 쉽지 않지만 더 이상 떨어질 우려는 적다"고 전망하고 "2012년부터는 상승세가 뚜렷해질 것으로 본다"고 밝혔다. 이러한 전망은 미국과 한국 등 선진국 증권시장이 어느 정도 안정되면 다시 유망 투자국인 베트남으로 돈이 몰려들어 올 것이라는 판단에서다.

미래에셋은 그때에 대비, 우선은 현지화 노력에 치중해 베트남 중산층에 다양하고 선진화된 금융서비스를 제공함으로써 신뢰를 확보하는 것을 첫 번째 목표로 세워놓고 있다. 그런 후에 선진 금융시장인 한국과 이머징 마켓인 베트남을 이어주는 역할을 하겠다는 것이다.

정성문 법인장은 "지금은 영업 이익을 얻는 것보다 회사와 한국의 좋은 이미지를 심는 게 더 중요하다"고 말하고 "우리의 선진 노하우를 베트남에 제공하고 기부와 사회활동을 계속해 나가겠다"고 덧붙였다.

베트남자동차산업의 선구자

GM대우(VIDAMCO)

한국자동차가 판치는 베트남

아마도 전 세계에서 한국자동차를 가장 많이 볼 수 있는 곳은 베트남이 아닌가 싶다. 대형트럭에서부터 버스, 승합차, 승용차, 택시 모두 한국차다.

이들 중에는 중고차도 많아 한글을 그대로 달고 다니는 통에 한국차의 수가 더 많아 보인다. 이러한 한국차 홍수를 선도한 기업이 바로 대우자동차의 현재 법인인 GM대우 베트남 법인(비담코, VIDAMCO)이다. 베트남대우자동차(이하 비담코)는 한국차로서 뿐만 아니라 베트남 자동차산업 전체로서도 선구자라는 영광을 안고 있다.

베트남의 자동차가 수천 대에 불과했던 1993년 당시 김우중 대우그룹 회장의 지시에 따라 세워진 비담코는 수입에 의존하던 베트남인들에게 자국에서 만든 자동차를 타게 했다. 당시만 해도 100% 외국투자 기업은 허용되지 않았기 때문에 베트남 국방부의 산하단체인 GAET와, 65%와 35%의 합작으로 만들어진 비담코는 하노이 외곽 (지금의) 탱치

지역에 초현대식인 공장을 짓고 1995년 4월 처음으로 한국에서 만들던 시에로(CIELO)를 조립생산하기 시작했다. 자전거가 하노이 거리를 휩쓸고 오토바이조차 그리 많지 않던 시절, 자동차를 생산하겠다고 나선 김우중 회장의 안목이 존경스러운 대목이다. 비담코는 승용차 생산에 이어 이듬해에는 버스까지 생산하며 전량을 외국에서 수입하던 베트남에 자체 차량을 공급하기 시작했다.

그러나 선구자는 언제나 외로운 법. 당시만 해도 일반인들은 자동차를 엄두도 못 내던 시절이라 생산된 승용차는 거의 전량을 국가 기관에 공급하다시피 했다. 그러다보니 제대로 값을 받기가 어려웠고 생산량도 많지 않았다.

더욱 어려웠던 것은 파트너사인 GAET와의 관계였다. 1990년대 초만 해도 한국은 선진국 방식을 도입해 현대적인 경영을 할 때라 대우 역시 비담코에 현대식 경영기법을 도입하려 했으나 파트너 측의 이해 부족으로 난관이 계속됐다. 지금은 다소 완화됐지만 당시 베트남의 기업들은 의사결정 과정에 만장일치제를 채택했기 때문에 대우가 65%의 지분을 가지고 있다 하더라도 파트너 측에서 반대하면 아무리 사소한 결정도 할 수 없었다.

어려움은 여기서 그치지 않았다. 베트남 정부는 자체 자동차 수요가 많지 않은 상황에서 여전히 자동차 수입을 계속했고 한편으로는 주요 글로벌자동차 기업의 베트남 진출을 계속 승인했다. 베트남의 연간 자동차 생산량은 2009년 현재 총 4만7천882대이고 이 중 승용차는 1만1천129대에 그치는데도 베트남 내에서 자동차를 생산하고 있는 글로벌 회사는 11개사에 이르고 승인을 받은 회사는 14개사에 달

한다. 한 개 회사당 연간 생산자동차 대수가 5천 대에도 못 미치는 수준이다.

대우 신화 계승한 김정인 사장

이러한 대우자동차가 새 전기를 맞게 된 것은 1999년부터 현재까지 법인장을 맡고 있는 김정인 사장이 부임하면서다.

무역회사인 주식회사 대우가 그룹의 핵으로 잘 나가던 시절 (주)대우에 입사한 그는 "신입사원 시절 개인 병원을 돌아다니며 약 판매를 한 것을 시작으로 사람들이 쓰는 것이라면 안 팔아 본 게 없다"고 말할 정도로 세일즈 마케팅 분야에서 잔뼈가 굵은 사람이다. 뉴욕지사 근무 등을 마친 김 사장은 김우중 회장의 눈에 띄어 베트남을 찾게 됐고 그에게

맡겨진 첫 베트남 임무는 하노이시와 베트남의 운수체계를 완전히 바꾸는 작업이었다.

김 회장의 사람답게 겁이 없던 그는 하노이의 요소를 거미줄처럼 연결하는 버스망을 구상하면서 버스노선이 모이는 외곽 중심지역의 땅을 확보해 차고지로 사용함은 물론 대규모 상업 위락단지로 만드는 방안을 만들어냈다. 이 안은 하노이시로부터 승인을 받아 실현단계에 이르렀으나 대우그룹의 해체로 빛을 보지 못했다. 현재 하노이에서 각종 주요 건물이 들어서는 곳이 바로 당시 대우가 차고지로 확보했던 금싸라기 땅들이라니 대우의 해체가 한 번 더 아쉬움을 남기는 대목이다.

어쨌든 이런 인연으로 김 사장은 1999년 2월 비담코의 법인장을 맡게 된다. 그는 취임과 동시에 발전의 멍에로 작용해 온 베트남 기업과의 합작을 개선하는 데 착수했다. 국방부와의 힘든 협상 끝에 부임 1년여 만인 2000년 4월 마침내 베트남의 지분을 모두 인수했다. 그제야 명실공히 대우의 회사가 됐고 선진화한 대우의 기술과 판매 전략이 빛을 발휘할 수 있게 됐다.

최대의 난제를 해결한 김 사장은 특유의 뚝심으로 판매망 확보에 나서 취임 첫해부터 흑자를 기록하기 시작했다. 대우는 일본의 도요타, 미국의 포드 등 세계적인 자동차 그룹의 도전에도 의연히 대처해 2004년에는 도요타를 물리치고 승용차 부문 판매 1위를 기록하는 등 지난 10년 동안 연속 흑자를 기록, 누적 흑자만 9천만 달러를 넘어섰다. 2009년에도 비담코는 승용차 부문에서 판매 점유율 32%를 기록해 도요타의 36.6%에 이어 2위 자리를 지켰다. 그 중에서도 2007년 대우의 SUB를 베트남 스타일에 맞게 고쳐서 출시한 캡티바는 베트남 젊은 층의 인기를 독차지해 1년 이상 주문이 밀리는 대박을 터뜨리기도 했다. 일본과 미국, 독일, 중국, 이탈리아 등 전 세계 11개 글로벌 자동차 그룹들과의 경쟁에서 보여준 대우의 선전은 김 사장의 개인적인 경영 능력 외에 한국기업 특유의 공격적인 판매 전략이 성공을 거둔 사례로도 주목받고 있다.

비담코는 2002년 대우그룹의 해체로 지금은 GM의 소유가 됐지만 판매 전략과 경영 노하우는 그대로 이어지고 있다. GM은 대우자동차를 인수하면서 전 세계에 퍼져있던 10개의 해외 공장을 폐쇄했으나 비담코만은 그대로 인수할 만큼 가능성을 인정했다.

GM은 인수 당시 김정인 사장의 브리핑을 듣고 김 사장을 비롯한 한국 직원 전원에게 현재대로 열심히 일해 달라고 거꾸로 부탁한 것으로도 유명하다. 또 GM은 2006년 베트남 정부의 중고차 수입금지 해제조치에 따라 1년여 동안 승용차 판매가 1천 대에도 못 미치는 부진을 보였으나 "어쩔 수 없는 상황"이라며 오히려 격려를 보내 김 사장을 비롯한 관계자들을 감동시키는 일화를 낳기도 했다.

회사의 이익보다 베트남 사회 발전에 앞장

GM대우가 이처럼 어려움을 딛고 롱런할 수 있었던 배경에는 적극적인 현지화 시도와 베트남 사회에 대한 봉사정신이 큰 몫을 한 것으로 보인다.

김 사장은 대우자동차 시절 도요타나 포드, 벤츠 등 글로벌 자동차 그룹에 비해 낮은 인지도에도 불구하고 베트남자동차생산업체협회의 부회장을 맡아 적극적으로 영향력을 확대해 나갔다. 낮은 인지도를 커

버하기 위해서는 협회의 주도권 장악이 필요하다고 판단한 그는 유창한 영어 실력과 달변으로 회의를 주도해 실질적인 회장이라는 말을 자주 들었다. 반대로 도요타나 포드 등은 김 회장의 기세에 눌려 항상 자리만 지켰다고 한다.

베트남 정부의 불우이웃돕기와 모금활동에도 비담코는 항상 앞장 섰다. 비담코는 일찌감치 인근 지역의 무주택자들에게 해마다 10여 채씩의 집을 지어줘 베트남 정부로부터 공로상을 받기도 했고 수출과 고용증대, 기업환경 개선 등으로 셀 수 없을 만큼 많은 정부의 훈장과 표창을 받았다.

한국과 베트남의 관계 개선에도 힘을 보탰다. 2008년 설을 맞아, 한국으로 시집 온 베트남 신부 10가족을 초청해 한보따리의 선물과 함께 설을 친정에서 보낼 수 있도록 해주었다. 이 행사는 한국 언론은 물론 베트남 언론에서도 많은 관심을 보여 베트남 방송과 신문 기자들이 직접 한국까지 와서 취재경쟁을 벌이기도 했다.

김정인 법인장은 한인사회 발전을 위해서도 발벗고 나섰다. 2004~2007년 하노이 한인회장을 맡아 현재의 한국학교 건립을 직접 당시 노무현 대통령에게 건의하고 자신이 이사장을 맡아 김의기 한국대사, 임홍재 대사 등과 학교를 만들고 키우는 데 일등공신이 됐다. 지금도 그는 한국학교 신축사업에 온 힘을 쏟고 있다.

하노이 한인사회가 다른 지역의 한인사회와 달리 한인 상호 간 친목과 단결이 뛰어나고 공관과의 유대가 돈독한 것은 여러 가지 요인이 있겠지만 김 회장의 공로가 상당하다는 게 현지 한인들의 공통된 평가다.

베트남 개관

※ 주베트남 한국대사관 제공

❖ 일반 개관

- 국명 : 베트남 사회주의 공화국(Socialist Republic of Viet Nam)
- 정체 : 사회주의공화제(공산당이 유일 정당)
- 독립일 : 1945년 9월2일
- 위치 : 인도지나반도 동부, 중국 · 라오스 · 캄보디아에 인접
- 기후 : 북부지역(아열대성), 남부지역(열대몬순)
- 연평균 기온 : 24.1℃(한국보다 10℃ 높음), 북부 23.2℃,
  중부 24.1℃, 남부 27.1℃
- 습도 : 월 평균 83%
- 연평균 강우량 : 2,151㎜(한국보다 2.4배 많음)
- 인구 : 8,580만 명(2009년 기준, 약 70.4%가 농촌 거주)
- 면적 : 33만341㎢(한반도의 약 1.5배)
- 행정구역 : 5개의 직할시와 58개 성으로 구성, 5개시 59개성이었으나
  2008년 8월1일부로 하떠이성이 하노이시로 편입
- 수도 : 하노이(인구 680만 명)
- 주요 도시(직할시, 2009년 기준 인구) : 호찌민시(710만 명), 하이퐁시(183만 명),
  다낭시(85만 명), 껀터시(115만 명)
- 종족 : 베트남족 89%, 타이 므엉 크메르 등 53개 산악 소수민족, 화교(약 100만 명)
- 문자 해독률 : 94.4%(2008년)
- 종교 : 불교 약 1천만, 가톨릭 약 550만, 개신교 약 100만 명 등
- 언어 : 베트남어(공용어)
- 재외동포(Viet Kieu) : 약 350만 명

❖ 베트남 현대사

- 1859년 _ 프랑스, 사이공 지아딘 및 미토 점령
- 1867년 _ 프랑스, 남부 코친 차이나 전지역 점령
- 1873년 _ 프랑스, 북부 통킹에 무력 진출(중국 내륙 진출 목적)
- 1883년 _ 응우옌 왕조와 프랑스 사이에 아르망조약 체결
- 1893년 _ 프랑스, 라오스를 인도차이나 연방에 편입
- 1915년 _ 유럽전선에 14만 명의 베트남인 병사 · 노동자로 징발
- 1919년 _ 응웬 아이 꾸억(호찌민), 베르사유 강화회의에 8개항의 '베트남인민의 요구' 제출
- 1930년 _ 베트남공산당 결성
- 1940년 9월 _ 일본군의 베트남 진주
- 1941년 _ 응웬 아이 꾸억, 인도차이나 공산당을 주체로 하는 베트남 독립동맹(베트민) 결성
- 1944년 12월 _ 베트남 인민군의 전선인 '해방군 무장 선전대' 조직
- 1945년 3월 _ 일본군 프랑스 식민당국을 축출하고 베트남 직접 지배
- 1945년 8월 _ 일본군 항복
- 1945년 9월 2일 _ 호찌민, 베트남민주공화국 독립 선언
- 1945년 9월 _ 연합군 베트남 진주
- 1946년 1월 _ 영국군 프랑스군에 북위 16도선 이남의 전권 이양
- 1946년 2월 _ 프랑스 · 중국협정에 의거, 프랑스군 북위 16도선 이북 관리권 획득
- 1946년 8월 _ 퐁텐블로 교섭 결렬
- 1946년 12월 _ 베트민군 하노이에서 일제 봉기, 제1차 인도차이나 전쟁(대불전쟁) 발발
- 1950년 1월 _ 중국 · 소련, 베트남민주공화국 승인
- 1950년 2월 _ 미국 · 영국, 베트남국(바오 다이 정권) 승인
- 1954년 5월 _ 디엔비엔푸 함락
- 1954년 7월 _ 제네바협정에 조인
- 1955년 _ 남부에 미국 지원 베트남 성립(초대 대통령 응오딘지엠)
- 1956년 5월 _ 북베트남, 남베트남에 통일선거 제의, 남베트남 거부
- 1958년 _ 김일성 북베트남 방문
- 1960년 1월 _ 북베트남 신헌법 공포
- 1960년 12월 _ 민족해방전선(NLF, 속칭 베트콩) 결성
- 1962년 1월 _ 미국, 사이공에 '남베트남 사원조사령부' 설치
- 1963년 11월 _ 쿠데타로 남베트남 응오딘지엠 정권 붕괴
- 1964년 8월 _ 통킹만사건 발생, 미군기 북베트남 어뢰정 기지 공습

- 1965년 2월 _ 미군 북폭 개시(제2차 인도차이나 전쟁)
- 1968년 1월 _ 남베트남 민족해방전선 일제 공세(구정 대공세)
- 1968년 5월 _ 미국 · 북베트남, 파리에서 평화회담 시작
- 1969년 1월 _ 남베트남 민족해방전선, 파리회담 시작
- 1969년 6월 _ 남베트남 임시혁명정부 성립
- 1969년 9월 _ 호찌민 주석 서거
- 1973년 1월 _ 미국 · 북베트남 · 남베트남 · 남베트남임시혁명정부, 파리에서 평화 협정에 조인
- 1975년 4월 30일 _ 베트남 공산화(사이공 함락)
- 1976년 4월 26일 _ 남북통일 총선거 실시
- 1976년 7월 2일 _ 베트남 사회주의 공화국(The Socialist Republic of VietNam) 수립
- 1977년 _ UN 가입
- 1978년 10월 _ 캄보디아 침공
- 1979년 2월 _ 중 · 월 국경전쟁
- 1985년 _ 베트남 · 캄보디아 국경획정 조약 체결
- 1986년 _ 도이 머이(Doi Moi: 쇄신) 정책 추진 결정(6차 전당대회)
- 1989년 9월 _ 캄보디아 철군 완료
- 1991년 _ 중국과 국교정상화
- 1992년 12월 22일 _ 한국과 수교
- 1995년 7월 12일 _ 미국과 수교
- 1995년 7월 15일 _ ASEAN(동남아시아국가연합) 가입
- 1998년 _ APEC(아시아태평양경제협력체) 가입
- 2000년 11월 _ 클린턴 미국 대통령 베트남 방문
- 2002년 _ 베트남 · 미국 간 무역협정 발효
- 2004년 _ ASEM(아시아유럽정상회의) 주최
- 2005년 6월 _ 판 반 카이 총리 방미
- 2005년 12월 _ 베트남 · 캄보디아 국경조약 부속협정 의정서 교환
- 2006년 11월 _ APEC 정상회의 주최, WTO(세계무역기구) 가입
- 2006년 11월 _ 부시 미국 대통령 베트남 방문
- 2007년 6월 _ 응웬 민 찌엣 국가 주석 방미
- 2008~2009년 _ 유엔안보리 비상임이사국 수임
- 2008년 12월 31일 _ 베트남 · 중국 국경확정 종결 선언
- 2010년 _ ASEAN 의장국 수임

베트남 총괄

❖ 자연 조건

가. 위치 · 지형

- 동경 102° 09~109° 30, 북위 8° 10~23° 24의 인도차이나반도 동부에 위치, 중국, 라오스, 캄보디아에 인접. 면적은 33만1천690㎢로 한반도의 약 1.5배, 최북단과 최남단 간 거리는 1천750km.
- 북부의 홍(Hong)강과 남부의 메콩(Me Cong)강이 주요 생활 중심지. 특히 메콩강은 길이가 4천220㎞에 달하는 인도차이나의 젖줄로서 티베트에서 발원해 중국, 미얀마, 라오스, 캄보디아 등 여러 나라를 거치며 베트남에 이르러 삼각주를 형성(총 길이 중 200㎞만이 베트남 메콩 델타 지역 통과).
  - 메콩 델타 지역의 총 면적은 2만2천㎢에 달하며 상류에서 운반된 비옥한 흙으로 쌀 농사에 적합. 메콩강 유역 개발에 대한 국제적인 관심 고조.
  - 홍강은 중국 운남성에서 발원해 통킹만으로 흐르는 전장 1천200㎞(베트남 통과 구간은 475㎞)에 달하는 북부지역의 젖줄로서 베트남의 2대 곡창지대의 하나인 1만5천㎢ 면적의 홍강 델타 지역을 통과.
  - 그 밖에 500㎞ 길이의 동나이(Dong Nai)강, 426㎞ 길이의 마(Ma)강 등 다수.
- 베트남에는 높이 2천400m 이상 되는 산이 11개 있으며, 가장 높은 판시판(Phan Si Pan, 3천143m)을 비롯해 뿌르엉(Pu Luong, 2천985m), 랑꿍(Lang Cung, 2천193m) 등.
- 베트남 동쪽의 바다는 일반적으로 'South China Sea(남중국해)' 로 표기돼 있지만 베트남은 '동해(East Sea)' 라고 호칭. 동해상에는 중국 등 인근국과의 영토분쟁의 대상이 되고 있는 호앙사(Hoang Sa) 군도(Paracel 군도 또는 西沙群島)와 쯔엉사(Truong Sa) 군도(Spartley 군도 또는 南沙群島)가 있음. 특히 쯔엉사 군

도는 원유와 구리, 망간, 주석, 알루미늄 등 많은 천연자원이 매장돼 있어 베트남, 중국, 필리핀, 말레이시아 등 주변 여러 나라들이 영유권을 주장.

나. 기후

- 북부는 아열대성, 남부는 열대성 기후이며, 평균기온은 24.1℃(북부: 23.2℃/중부: 24.1℃/남부: 27.1℃), 습도는 월 평균 83%, 평균 강우량은 2천151㎜로 한국보다 2.4배 많음.
- 남과 북의 차이가 심하며 평야지대와 고원지대의 기후도 상이.
  - 하노이는 춘하추동이 비교적 뚜렷한데, 겨울에는 10~16℃, 여름에는 37~38℃, 평균 강우량은 1천245㎜.
  - 호찌민시와 메콩 델타 지역의 연 평균 기온은 27.55℃로 우기와 건기로 나뉘는데 우기는 5~11월, 건기는 12~4월이며, 우기의 강우량은 1천979㎜.
  - 하노이를 비롯한 북부 및 중부 지역은 태풍의 영향권에 있어서 매년 피해가 발생하고 연중 기온 차가 심함. 남부 메콩 델타 지역도 태풍이나 침수 피해를 당하는데, 고도가 매우 낮아 강 수위가 조금만 올라도 큰 피해가 발생.
  - 그러나 호찌민시는 연중 기온 변화가 심하지 않고(평균 26~29℃), 태풍 피해가 거의 없음.

❖ 국가 · 민족

가. 국기와 국가

△ 국기: 황성적기(黃星赤旗)

- 현 남딩(Nam Dinh)성 유학자 가정 출신으로 베트남 공산혁명에 참여했던 응웬 흐우 띠엔(Nguyen Huu Tien)이 혁명 활동 중 체포돼 사형언도를 받고 프랑스 식민시대에 정치범 수용소로 악명이 높았던 꼰 다오(Con Dao) 수용소에서 수감돼 있던 동안에 처음 고안.
- 황성적기는 붉은 바탕에 노란 별이 그려져 있는데, 붉은 색은 혁명과 독립된 베트남을 상징하고 5각의 황성(黃星, Sao Vang)은 사(士, Si), 농(農, Nong), 공(工, Cong), 상(商, Thuong)과 군인(兵, Binh)이 한데 뭉쳐 단결하고 있음을 상징.

△ 국가: 진군가(進軍歌)

- 베트남 국가는 진군가(進軍歌, Marching to the Front, Tien Quan Ca)로 반 까오(Van Cao)가 작곡해 프랑스 항전 때부터 군대에서 군가로 쓰던 것을 국가로 그대로 사용하고 있으며, 4분의 4박자로 씩씩한 기상을 담고 조국의 승리를 위해 전선으로 진군하자는 내용(주요 가사 아래 참조).

  "단결하자 베트남! 조국 구원의 의지를 가지고 앞으로 나아가자….
  우리의 깃발은 승리의 피로 붉게 물들어 있고, 조국의 영혼을 담고 있다. 서둘러 전선으로 달려 나가자! 다함께 전진하자! 우리 베트남은 영원토록 부강하리라!"

나. 민족

- Viet족이 전 국민의 대부분(89%)을 차지하며 53개 소수민족이 각 지역에 흩어져 살고 있고 약 100만의 화교가 거주.
- 베트남 민족은 언어군에 따라 다음과 같은 몇 가지 부류로 구분.
  - 비엣 므엉(Viet-Muong) 어군: 베트남 전체 인구의 90% 정도를 차지. 이 어군에 속하는 민족은 비엣(Viet), 므엉(Muong), 토(Tho), 쯧(Chut) 등 4개 민족.
  - 몬 커메(Mon-Khome) 어군: 21개의 소수민족이 속함. 주로 메콩강 유역의 각 지방, 동남부 지방, 쯔엉썬 산맥 서부 고원지대, 응에안성 북쪽 서부와 베트남 서북쪽 각 성에 근거지를 둠. 주로 산기슭에 거주하며 화전으로 밭농사를 지으며 생계 유지.
  - 따이 타이(Tay-Thai) 어군: 8개 민족이 속함. 베트남 북부의 산간지방에 주로 거주.
  - 흐몽 자오(H' mong-Dao) 어군: 중국 각 지방에서 베트남으로 이주해온 민족들로 북부지역 해발 1천m 내외의 산악지역에 거주.
  - 까다이(Kadai) 어군: 북부지방에 거주하며, 인구는 1만여 명에 불과.
  - 말라요 폴리네시아(Malayo-Polinesian) 어군: 짬(Cham), 에데(Ede), 쭈루(Churu)족 등. 짬(Cham)족은 발달된 짬족문명을 바탕으로 고대국가를 형성.
  - 땅 미얀마(Tang-Mianma) 어군: 하니(Ha Nhi), 푸라(Phu La), 꽁(Cong)족 등. 북부지역에 주로 거주.

– 한(Han, 漢) 어군: 호아(Hoa, 華僑), 응아이(Ngai), 산지우(San Diu)족 등이며 화교들은 중국의 광동 · 광서 · 복건성에서 이주해 와 현재 약 100만 명이 거주.

다. 인구

- 전체 인구는 약 8천580만 명(2009년)으로 추산. 인구밀도는 260명/㎢, 성비는 여자 100명당 남자 98.1명으로 10년 전과 대비(여자 100명당 남자 96.7명) 여초현상이 점차 완화돼 가는 추세.
- 2006~2008년 출생한 신생아의 경우, 여자 100명당 남자 114명으로 남초현상 심화(2009년 4월 WHO 발표).
- 출생률은 18.6%, 사망률은 5.3%로 가임여성의 1인당 출산자녀수는 2.3명, 평균수명은 남성 71세, 여성 73세.
- 행정구역은 5개의 특별시와 58개 성으로 구성. 수도인 하노이에는 약 650만 명, 호찌민에 약 710만 명, 하이퐁에 약 183만 명, 다낭에 약 85만 명, 껀터시에 약 115만 명이 거주하는 등 전체 인구의 43%가 홍강 및 메콩 델타 지역에 집중되는 거주의 불균형 현상을 보임.
- 베트남 인구 구조는 완벽한 피라미드 형태로 24세 이하의 젊은 층이 약 4천300만 명에 달해 적어도 향후 20~30년간 경제발전에 필요한 풍부한 인력 공급이 가능. 노동력의 질도 매우 높은 것으로 평가.
- 전 국민의 70.4%가 농촌에 거주하고 있어 앞으로 농촌인구의 도시 유입이 매우 급속할 것으로 예상.
- 베트남은 거주이전의 자유가 없으며, 이주하려면 지역 경찰에 등록 신고를 거쳐 주민등록부를 발급받아야 하고 특히 농촌에서 도시로 이주하려면 거주 승인 획득이 어려움.

라. 언어

- 공용어는 베트남어이며, 4종의 소수민족 언어를 법률상 허용.
- 베트남어는 중국어의 4성조보다 많은 6성조로 발음의 장단, 고저에 따라 의미가 다름. 중국 문화의 영향으로 한자어가 상당한 비중을 차지하고 있어(60% 정도) 한자어의 베트남식 발음을 터득하면 배우기가 용이.
- 베트남은 중국문화의 영향을 받아 한자를 사용했으나 8~9세기경에는 한자의 뜻

과 음을 차용해 만든 쯔놈(Chu Nom)을 만들어 사용.

- 그 후 17세기 초부터 18세기 말까지 전도를 위해 베트남에 온 예수회소속 사제들이 쯔놈으로 된 베트남어를 라틴문자로 옮겨 적기 시작한 것이 베트남 문자의 효시.
- 1878년 4월6일 프랑스 식민정부는 현재의 베트남어를 국어로 공인, 1882년 1월1일부터 각급 학교, 공문서에 적용하는 법령을 공포. 1915년과 1919년에 하노이와 후에(Hue)서 과거시험을 폐지하면서 한문과 쯔놈은 쇠퇴하고 현재의 베트남어가 국어로 자리잡기 시작.

❖ 국민생활

가. 종교 생활

- 베트남 내에는 신자가 가장 많은 불교를 비롯해 가톨릭, 까오다이(Cao Dai, 유·불·도 혼합), 화하오(Hoa Hao) 등의 종교가 있으며 국민들의 일상 생활에는 일반적으로 미신적 요소가 많이 포함.
- 베트남 국민의 약 3분의 2가 불교를 믿고 있는 것으로 추정되며, 실제 등록된 신자는 약 1천만 명(인구의 약 11.7%)으로 도시나 지방을 막론하고 전국적으로 사찰이 많이 산재.
- 가톨릭은 16세기경부터 포르투갈이나 프랑스 사제들에 의해 전파된 것으로 알려지며 신자는 약 550만 명(인구의 약 6.5%)으로 전국 50개의 성과 도시에 분포.
- 17세기경 전해진 기독교 신자는 약 100만 명(인구의 약 1.1%)으로 추정.
- 까오다이교는 1925년 프랑스 식민지 관료였던 응오 반 찌에우(Ngo Van Chieu)가 세운 종교로서 유교(Nho), 불교(Phat), 도교(Lao), 기독교(Co Doc)의 교리를 종합해 완성.
  - 일본과 협력해 프랑스에 대항하는 항불운동을 벌였으며, 남부 떠이닝(Tay Ninh)성에 교단 본부가 있고, 신자는 약 240만 명(인구의 약 2.8%). 교당 건물에 커다란 눈을 그려 놓아 '외눈교' 라고 호명.
- 화하오교는 1939년 쩌우 독(Chau Doc) 지방의 화 하오 촌락의 후인 푸 소(Huynh Phu So)가 사원과 승려라는 중재자를 없애고 종교 의식과 절차를 간소화하는 등 불교 교리를 단순화해 만든 종교.
  - 민족주의적 종교로 프랑스 세력을 물리치는 데 공헌했으며 신자는 약 130만

명(인구의 약 1.5%)으로 남부지방에 집중.

- 베트남의 토속신앙은 도교와 유교, 불교의 영향을 많이 받았는데 일상생활 속에는 미신적 요소 존재.

나. 전통 문화 · 의상

- 전통 가극: 핫 보이(Hat Boi)
  - 14세기 쩐(Tran) 왕조 시대에 나타난 전통 가극으로 핫 보(Hat Bo) 또는 북부에서는 뚜옹(Tuong)이라고도 명명.
  - 극중 내내 노래와 무용 악기 연주가 이루어지며 베트남의 전통 가무와 중국의 가극이 결합된 무대 예술로 현재 희극, 비극, 풍자극 등 약 600여 편이 전래.
  - 1945년 혁명 이후 봉건주의 색채를 이유로 상연이 금지됐으나 1975년 통일 이후 완화돼 중부 베트남 지역에서는 잘 보전된 상황.
- 베트남 여성들이 즐겨 입는 전통 의상인 아오 자이는 '긴 옷'이란 의미를 갖고 있고 19세기부터 입기 시작한 것으로 전래.
  - 1976년 사회주의 정부가 노동에 부적합하고 퇴폐적이라는 이유로 착용을 금지했다가 1986년 도이 머이 정책 추진 이후 완화. 최근에는 각종 예식에서 즐겨 착용하고 여고생들의 교복이나 주요 기업체의 제복으로도 사용.
- 아오 자이와 함께 베트남 여인들의 상징인 논(Non, 야자나무 잎으로 만든 모자)은 13~15세기 중 쩐 왕조 시대에 유행한 모자. 비가 올 때는 우산으로, 햇볕이 내리쬘 때는 양산으로, 더울 때는 부채로도 사용.

다. 생활 풍습

- 음력 정월 초하루(떼뜨, Tet)는 베트남에서 가장 큰 명절로서 초하루에는 일가친척, 선생님, 이웃들을 방문해 서로 덕담을 나누고 복을 기원.
  - 가정에서는 꺼이 네우로 장식을 하는데, 크리스마스 트리처럼 나무에다 흙이나 종이로 만든 잉어나 말, 여러 가지 형태의 물건을 매닮.
  - 설날의 첫 방문자는 그 해의 행운을 가져다 준다고 믿어 고위 인사나 돈 많은 사람을 초대. 첫 방문자는 조상신을 모신 제례상에 향불을 피우고 덕담을 하며 어린이에게는 세뱃돈을 나눠줌.

- 베트남의 공휴일은 신정(1.1), 구정(음력 12.30~1.3), Hung Vuong왕 추모일(음력 3.10), 사이공해방일(4.30), 국제노동절(5.1), 건국기념일(9.2) 등으로 연간 9일. 국경일이 휴일과 겹치면 다음날 쉬는 관행이 있음.
- 베트남인들은 9를 으뜸이자 신성한 수로 여기며 13은 액운의 상징.
  - 숫자 5는 베트남어로 위험의 뜻과 비슷해 합이 5가 되거나 15, 25 등 5로 끝나는 수를 기피.

라. 민족성

- 베트남인들은 스스로 근면 · 성실 · 인내 · 친절 · 용감성 등의 국민성을 지니고 있다고 여김.
  - "오랜 세월 동안의 끊임없는 외침을 성공적으로 물리친 국민"으로 자신들을 표현하고자 하며 무엇보다 외세에 굴복하지 않은 역사를 지닌 나라라는 자부심이 매우 강함.
- 북부지역 출신 사람들은 근면형으로 인내심이 강하며 호찌민 주석 등 베트남 혁명가의 대부분이 북부 출신인 반면, 남부지역 사람들은 풍부한 농산물 등 자연조건의 영향을 받아 개방적이고 낙천적이며 자유분방한 성격.
  - 디엔비엔푸 전투(1954년) 이후에는 북쪽의 공산정권을 피해, 대미 전쟁 승리(1975년) 이후에는 정부기관의 고위직을 차지하면서 많은 수의 북쪽 사람들이 남쪽으로 이주.

마. 의료 · 보건

- 최근 많이 개선되고 있지만 의료수준은 아직 낙후한 편. 의사비율은 여타 개도국에 비해 높은 편이나 의료시설, 의약품, 의료기술 등이 전반적으로 낙후돼 있고, 위생소독 처리 등이 국제수준에 미달.

바. 여성의 사회 활동

- 베트남 여성들의 사회활동은 매우 활발하며 공산당과 정부, 단체 등의 요직에 여성들이 많이 진출해 있음. 현 12대 국회의원의 25.7%(총 493명 중 127

명)가 여성.

- 베트남 정부는 여성 근로자의 고용을 장려, 일정 비율(종업원 100명 이하 업체의 50%, 종업원 100명 이상 업체의 30%) 이상의 여성근로자를 고용한 기업에 대해 소득세 감면 등 세제혜택을 부여.

- 1930년 10월20일 창립된 여성연맹(위원장: Nguyen Thi Thanh Hoa, 회원 : 약 1천100만 명)은 모든 계층의 여성을 대표하는 대중 조직으로 조국전선의 지도를 받으며, 여성의 평등과 개발을 위한 활동, 여성의 정당하고 합법적인 권리와 이익 보호 등을 목표로 활동.

사. 스포츠

- 베트남인들이 가장 좋아하는 스포츠는 축구로서 축구시합이 있는 날에는 국민들 대부분이 TV 앞에 모이며, 길거리에 약간의 공터만 있어도 축구하는 모습을 쉽게 볼 수 있음.
  - 월드컵 등 국제적인 주요 경기가 있을 때에는 모든 일을 제쳐두고 경기를 시청.
- 그 외에 테니스, 배드민턴, 탁구 등도 인기가 있으며 태권도도 전국적으로 널리 보급.

❖ 교 육

가. 현황

- 최근 교육 분야에도 개혁정책을 실시중이며, 특히 고등교육에 있어 과학의 실용화와 기술보급 및 직업훈련 등에 중점.
- 개혁정책 이전에 무상으로 실시돼 왔으나 1990년도 초반 이후 유료교육 제도가 도입되고, 사립학교도 설립(개학은 9월이며, 6~8월은 여름방학).
  - 초등교육: 초등학교 5년(의무), 중학교 4년
  - 고등교육: 고등학교 3년, 직업전문학교 3년, 대학교 4~5년

나. 교육과정

1) 취학 전 교육

- 유아원(Nha Tre): 생후 3~4개월, 3년
- 유치원(Mau Giao): 3~6세, 3년

2) **초등학교**(Truong tieu hoc): 6~10세, 5년(1~5학년).

3) **중학교**(Truong trung hoc co so): 11~14세, 4년(6~9학년)

- 상급학교 진학을 원할 경우, 우수반에 합격하기 위한 경쟁이 치열하며 진학을 하지 않는 학생은 국영기술학교에서 직업교육을 받은 후 사회로 진출.

4) **고등학교**(Truong trung hoc pho thong): 15~17세, 3년(10~12학년)

- 일반 고등학교와는 별도로 전국에 약 200여 개의 특수학교가 있으며 자연과학, 사회과학, 기술과학 등으로 나눠 집중적인 교육을 실시.

5) **기술학교**(Trung cap)

- 중학교를 졸업하고 3년 과정의 기술고등학교 과정을 마친 학생은 취업을 하거나 2년~2년반 과정의 기술전문학교 과정 또는 4년 과정의 기술학교에 진학, 졸업시 '기술사' 자격증을 취득.

6) **대학교육**(Truong Dai hoc)

- 주요 과정: 준학사(전문대학) 과정(3~3년반)/ 학사과정(4년), 약대(5년), 치의대(6~7년) / 석사과정(2년) / 박사과정(2~4년)
- 1993년 말부터 우수대학 육성책으로 하노이국립대학교, 호찌민국립대학교, 타이응우옌대학교, 후에대학교 및 다낭대학교 등 5개의 종합대학교를 설립.

주요 기관 웹사이트

❖ 정부 부처

총리실(Office of the Government)

1 Bach Thao or No 1 Hoang Hoa Tham

08043750, 08043480 / www.vietnam.gov.vn

국방부(Ministry of Defence)

1A Hoang Dieu

069882041, 069532090 / 없음

공안부(Ministry of Public Security)

15 Tran Binh Trong

39423300, 39420223 / 없음

외교부(Ministry of Foreign Affairs)

1 Ton That Dam

31992000, 31993000, 38231872, 31992683 / www.mofa.gov.vn

기획투자부(Ministry of Planning and Investment)

2 Hoang Van Thu

38455298, 38234453 / www.mpi.gov.vn

법무부(Ministry of Justice)

56-58-60 Tran Phu

37336213, 38431431 / www.moj.gov.vn

재무부(Ministry of Finance)
8 Phan Huy Chu
39341541, 38262266 / www.mof.gov.vn

무역부(Ministry of Trade)
21 Ngo Quyen
38253881, 38264696 / www.mot.gov.vn

산업부(Ministry of Industry)
54 Hai Ba Trung
38253831, 38265303 / www.moi.gov.vn

과학기술부(Ministry of Science, Technology)
39 Tran Hung Dao
39439731, 39439733 / www.most.gov.vn

우정통신부(Ministry of Post & Telecommunication)
18 Nguyen Du
39437004, 38263477 / www.mpt.gov.vn

노동 전상자 사회복지부(Ministry of Labour, Invalids and Social Affairs)
12 Ngo Quyen
38269557, 38269528, 38248036 / www.molisa.gov.vn

교통부(Ministry of Transport)
80 Tran Hung Dao
39422805, 39423291 / www.mot.gov.vn

건설부(Ministry of Construction)
37 Le Dai Hanh
39760271, 39762153 / www.moc.gov.vn

농업 · 농촌개발부(Ministry of Agriculture and Rural Development)

2 Ngoc Ha, Ba Dinh

38468161, 38454319 / www.mard.gov.vn

수산부(Ministry of Fisheries)

10 Nguyen Cong Hoan

38371693, 37716702 / www.mofi.gov.vn

문화공보부(Ministry of Culture and Information)

51-53 Ngo Quyen

39438231, 39349009 / www.cinet.gov.vn

교육훈련부(Ministry of Education and Training)

49 Dai Co Viet

38692252, 38694085 / www.edu.net.vn

보건부(Ministry of Health)

138A Giang Vo

38464416, 38464051 / www.moh.gov.vn

자원환경부(Ministry of National Resources and Environment)

83 Nguyen Chi Thanh

37732731, 38359221 / www.monre.gov.vn

내무부(Ministry of Home Affairs)

37A Nguyen Binh Khiem St.

39764116, 39781005 / 없음

❖ 시 및 지방정부

- 하노이 www.hanoi.gov.vn
- 호찌민 www.hochiminhcity.gov.vn
- 다낭 www.danang.gov.vn
- 바리아붕따우 www.bariavungtau.com
- 박짱 www.bacgiangdpi.gov.vn
- 박닌 www.izabacninh.gov.vn
- 빈즈엉 www.binhduong.gov.vn
- 빈프억 www.binhphuoc.gov.vn
- 빈투안 www.binhthuan.gov.vn
- 까마우 www.camau.gov.vn
- 까오방 www.caobang.gov.vn
- 동나이 www.dongnai.gov.vn
- 하이즈엉 www.vnet.com.vn/haiduong
- 하남 www.hanam.gov.vn
- 하떠이 www.hatay.gov.vn
- 호아빙 www.hoabinh.gov.vn
- 남딩 www.namdinhonline.net
- 응헤안 www.nghean.gov.vn
- 푸옌 www.phuyen.gov.vn
- 추라이 경제특구 www.quangnam.gov.vn
- 꽝닝 www.halong.vnn.vn
- 꽝찌 www.quangtri.gov.vn
- 타이빙 www.thaibinhvn.org.vn
- 타이응웬 www.thainguyen.gov.vn
- 탱호아 www.thanhhoa.gov.vn
- 투아티엔후에 www.thuathienhue.gov.vn

❖ 정부 산하기관

- 통계청 www.gso.gov.vn
- 환경청 www.nea.gov.vn
- 철도청 www.vr.com.vn
- 관광청 www.vietnamtourism.gov.vn
- 산림보호국 www.kiemlam.org.vn
- 전력공사 www.evn.com.vn
- 항만조합 www.vpa.org.vn
- 보험공사 www.baoviet.com.vn
- 통신공사 www.vnpt.com.vn
- 산림공사 www.vinafor.com.vn
- 제염공사 www.visalco.com.vn
- 유리도기공사 www.viglacera.com.vn
- 석유공사 www.petrolimex.com.vn
- 섬유공사 www.vinatex.com

연합뉴스 초대 하노이 특파원이 전하는

아주 특별한 베트남 이야기

초판 1쇄 발행 2010년 8월 25일
초판 2쇄 발행 2010년 9월 15일
초판 3쇄 발행 2012년 7월 9일
초판 4쇄 발행 2014년 7월 15일

지은이 권쾌현

발행인 송현승
편집인 오재석
주 간 김장국
기 획 백종호 김도균

발행처 (주)연합뉴스
주 소 110-140 서울시 종로구 율곡로 2길 25(수송동 110)
www.yonhapnews.co.kr

표지사진 김주형
표지디자인 GOARTWORKS 고정선(02-733-7223)
편집디자인 (주)나눔커뮤니케이션(02-333-7136)
인 쇄 삼화인쇄

정 가 12,000원
구입문의 (02)398-3590~3

ISBN : 978-89-7433-095-8 03070

※ 이 책은 삼성언론재단 지원으로 제작되었습니다.